我国群众体育发展评价研究

余涛　方涛　左潜◎著

安徽师范大学出版社
ANHUI NORMAL UNIVERSITY PRESS
·芜湖·

图书在版编目(CIP)数据

我国群众体育发展评价研究 / 余涛，方涛，左潜著 .—芜湖：安徽师范大学出版社，2022.11

ISBN 978-7-5676-4495-3

I. ①我… II. ①余… ②方… ③左… III. ①群众体育—研究—中国 IV. ①G812.4

中国版本图书馆CIP数据核字(2022)第119409号

我国群众体育发展评价研究

余涛　方涛　左潜◎著

责任编辑：房国贵　　责任校对：舒贵波

装帧设计：张德宝　姚　远　　责任印制：桑国磊

出版发行：安徽师范大学出版社

芜湖市北京东路1号安徽师范大学赭山校区

网　　址：http://www.ahnupress.com

发 行 部：0553-3883578　5910327　5910310(传真)

印　　刷：江苏凤凰数码印务有限公司

版　　次：2022年11月第1版

印　　次：2022年11月第1次印刷

规　　格：700 mm × 1000 mm　1/16

印　　张：10.25

字　　数：182千字

书　　号：ISBN 978-7-5676-4495-3

定　　价：59.00元

目　录

前　言

第一节　问题的提出

群众体育是以“人”全面发展为中心的社会发展的一部分，是社会成员参与程度很高的一种积极健康的社会文化活动，是一种渗透社会每个细胞的体育形式。

从系统的观点来看，现代群众体育是一种涵盖面极其广泛、层次极其丰富的大众社会文化系统。因为社会已经对群众体育这个大系统实施了领导和管理，所以，群众体育不是一种自发的社会存在，而是一种自觉的社会存在。从群众体育系统外部来看，它受到一定的社会政治、经济、文化及自然生态等因素的影响，而这些因素已经成为群众体育系统发展的前提和条件。从群众体育系统内部来看，群众体育系统通过直接或间接的方式为社会广大群众提供服务，以满足他们参加体育实践需要。

随着经济和社会的全面发展，我国城乡居民的生活方式正发生着深刻而急剧的变革，生活方式的转变既为群众体育的发展创造了良好的社会环境，又对群众体育的发展提出了更高的要求，使得具有民族特色和时代特色的群众体育活动得到蓬勃发展，群众参加体育锻炼的环境和条件也得到逐步改善，参加体育活动的人数不断增加，人们的体质和健康水平有了很大提高。但也要看到，我国目前尚处在社会主义初级阶段，我国群众体育发展呈现出少许不平衡的状况，其主要表现在三个方面：

第一，人民群众日益增长的多样化体育需求和薄弱的群众体育基础与短缺的群众体育资源之间的矛盾。尤其是保障公民享有基本体育服务的公共体育资源不足，是一段时间我国群众体育事业发展面临的主要矛盾。这个矛盾一方面表现为群众体育资源规模严重不足，一方面表现为现存国有群众体育资源社会效益明显不高。第二，滞后的群众体育管理与快速多变的群众体育发展现实之间的矛盾。第三，公民具有平等的体育权益与享有平等体育权益的机会不平等之间的矛盾。欠发达地区和经济效益差的地方、单位发展群众体育事业的支撑能力明显不足，群众体育事业在城乡之间、不同人群之间发展不平衡，使这些地方的供需矛盾更加突出。党的报告提出广泛开展全民健身运动，加快推进体育强国建设。开展全民健身运动和推进体育强国建设关键是提高全民族健康素质，构建全民健身体系，它已成为新时代我国体育事业奋斗目标。这既为我国的群众体育发展指明了方向，又提供了政策保证，但要想实现全面建成小康社会所要求的较高水平、较全面、较平衡地惠及十几亿人口的群众体育规模，群众体育事业将面临空前的资源供给压力和社会管理与公共服务压力。这就使现有的群众体育资源规模和资源配置方式面临更加严峻的挑战，供需之间的矛盾更加突出，发展不平衡的局面更加严重，缩小差距的任务更加艰巨。然而对于各省（我国省级行政单位包括：省、直辖市、自治区和特别行政区，本书将以“省”代表以上各省级行政单位）来说，仅凭以上较为模糊、抽象、主观的描述，在缺少量化数据前提下很难提出具有针对性、具体性和客观性的群众体育发展对策，因此，我们亟须建立一套科学、合理的群众体育发展评价指标体系。

2009年2月24日，刘鹏在国家体育总局深入学习实践科学发展观活动总结大会上提到：做好推动全民健身长效化、机制化的工作……制定群众体育发展评价指标体系，建立群众体育基础数据统计年报制度。2016年，国务院印发的《全民健身计划（2016—2020年）》指出：继续完善全民健身统计制度，做好体育场地普查、国民体质监测以及全民健身活动状况调查数据分析，结合卫生部门的营养与慢性病状况调查等，推进全民健身科学决策。可见，我国体育高层已经认识到“构建群众体育发展评价指标体系”的重要性和紧迫性。所以，本研究将以构建一套科学、合理的群众体育发展评价指标体系为主要目的，使其能够准确、全面地评价我国群众体育的基本情况和发展态势，从宏观上和舆论上对全国及各省的群众体育发展进行客观公正的评价和诊断，协调群众体育系统内部和外部关系，优化群众体育资源的配置，形成我国群众体育全面、协调、可持续的发展局面。

第二节 本书的理论和实践价值

第一，本书基于系统的视角提出了群众体育资源要素的概念，对群众体育资源配置理论进行了重构。目前，国内关于群众体育资源配置的研究大都偏重应用研究层面，而对于理论研究则较少涉及，且尚未形成完整的理论体系。本书对群众体育资源要素概念的提出和群众体育资源配置理论的重构，是对现有研究的有益补充，有助于我们深刻理解群众体育资源的内涵特征，有助于我们对群众体育资源配置行为及配置效率有一个更深刻的认识，有助于我们对群众体育资源配置系统的内在结构、运行机制和配置环境有一个全面、深入的把握，同时也为群众体育发展评价或群众体育系统发展状态评价提供一个理论切入点。

第二，本书具有较强宏观政策导向性。本研究构建的指标体系是依据我国群众体育发展评价指标体系目标模式，并贯彻了《中共中央国务院关于进一步加强和改进新时期体育工作的意见》《中华人民共和国国民经济和社会发展第十三个五年规划纲要》《全民健身计划纲要》《体育发展“十三五”规划》《“十三五”体育事业发展规划》等文件精神，结合我国群众体育实际来选取的指标，因此该指标体系具有较强的宏观政策导向性。

第三，对各省份的群众体育工作具有指导意义。本书对各省群众体育发展的整体能力和群众体育资源配置效率状况进行评价，它不仅可以提供各省群众体育发展的整体能力评价结果——排名情况，而且还可以以量化的数据体现各省在各项群众体育资源配置效率的优势和劣势，从而为各级政府和群众体育行政部门决策提供参考，以达到充分调动促进群众体育发展的各项因素，使现有的有限群众体育资源合理配置，实现资源利用的最佳化。

第四，本书具有科学性和可操作性，有助于提高群众体育工作的管理水平和管理效率。该指标体系重点选择了既有较好宏观政策导向性，又能有效地左右一般性指标变化的核心指标作为指标体系的组成部分。同时，为了确保指标数据的权威性、稳定性、连续性、可获得性，指标选取更多地参考了各省统计年鉴、各省“十三五”体育事业发展公报、中国现代化报告、各省卫健委公报等文献，使得整个指标设计简便可行、重点突出、科学合理。同时本研究采用了层次分析法（“AHP”法），它能有效解决定性与定量分析相结合的多目标决策中的问题，并提供了对非定量事件作定量分析的简易方法，从而提高了整套指标体系的可操作性，为提高群众体育工作的管理水平和管理效率打下了坚实的基础。

第三节 技术路线与研究框架

本书通过对相关领域的文献分析，从我国群众体育发展现状入手，构建和依据目前我国群众体育发展评价指标体系目标模式，力求构建一套科学、合理的我国群众体育发展评价指标体系。其技术路线与研究框架详见图1。

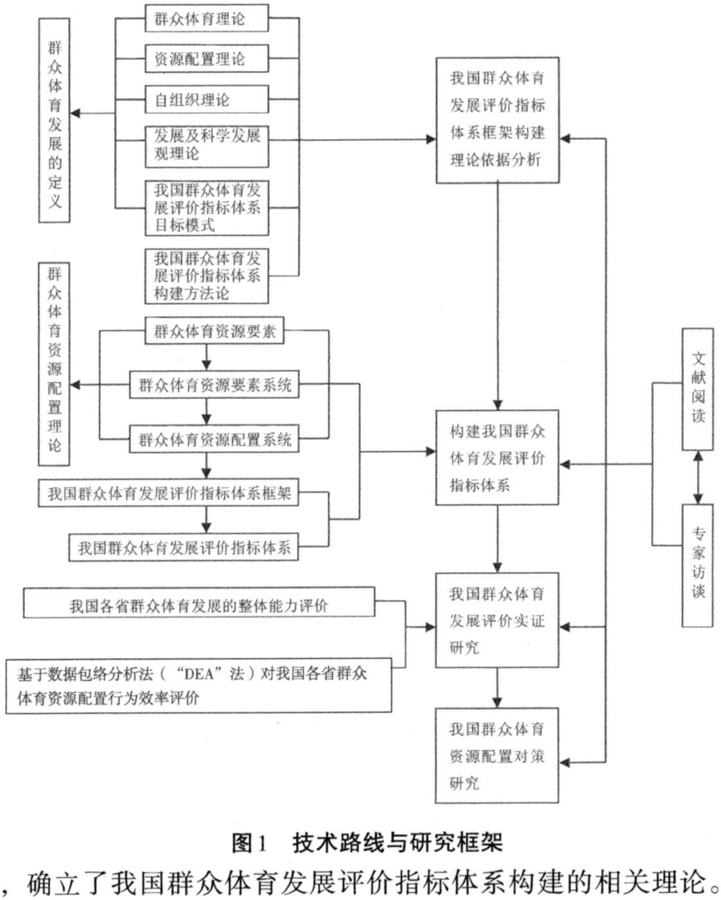

图1 技术路线与研究框架

第一，确立了我国群众体育发展评价指标体系构建的相关理论。从系统学的自组织理论来看，群众体育作为一个系统，它是一个自组织。根据增熵定律，群众体育系统必须与外界环境进行物质、信息、能量的交流，当这些熵流呈现“负熵”时，群众体育系统会逐渐达到非平衡、自稳定、有序的自组织状态。本书在构建我国群众体育发展评价指标体系架构时，除了要关注群众体育内在系统，还要将群众体育发展的外在环境纳入群众体育系统中来，当然也要纳入群众体育发展评价指标体系之中。另外，从资源配置理论来看，群众体育是一项具有典型“投入—产出”性质的事业，它的发展是国家大量人力、物力、财力、信息、制度等资源投入的结果。所以本研究将群众体育资源的“投入—产出”的思想纳入构建我国群众体育发展评价指标体系框架中，这样不但能充分调动和促进群众体育发展的各项因素，而且还使有限的群众体育资源合理配置，达到资源利用的最佳化。

第二，构建指标体系的目标模式。社会指标理论认为，社会发展指标体系的实践特点或基本前提是以明确的社会目标作为整个指标体系的出发点。[①]建立科学社会指标体系具备的基本条件，是特定的具有明确指向性的目标模式。[②]所以，我们以国家各项有关群众体育发展的政策和文件为导向来构建我国群众体育发展评价指标体系的目标模式。

第三，重新定义“群众体育发展”概念。本书将结合群众体育相关理论、自组织理论和资源配置理论，依据我国群众体育发展评价指标体系的目标模式，以科学发展观为指导，对“群众体育发展”的概念进行定义。

第四，深入研究群众体育资源配置理论。群众体育资源配置理论是有关群众体育资源配置系统的要素、结构、运行机制以及与外界环境关系等方面的一系列特征、规律和原理。该理论的提出是为了解答群众体育发展评价中的诸多问题，如：缺少对群众体育资源要素的内涵、分类、特征以及结构关系的分析，使得投入系统中资源内容和划分归类缺少理论依据；缺少对群众体育资源配置主体及其运行机制的分析，使得在提出提高资源配置行为效益的对策缺乏理论依据；缺少对群众体育发展评价的理论切入点分析等。因此，我们必须对群众体育资源配置理论进行研究和分析，在群众体育理论和资源配置理论的融合过程中，进行由浅入深的探索，归纳和总结有关群众体育资源配置系统的要素、结构、运行机制以及与外界环境关系等方面的系统特征、规律和原理，以解决群众体育发展评价中需要解决的三个问题。

第五，构建我国群众体育发展评价指标体系。在指标体系目标模式基础上，结合我国群众体育发展现状，并对国内外有关群众体育发展评价指标体系的文献和国家各项有关群众体育发展的政策、文件进行研究，特别对各省的年鉴、

---

① 郑杭生，李强，李路路．社会指标理论研究[M].北京：中国人民大学出版社，1989：172.

② 韩玉敏，郝秀芬，王军．新编社会学辞典[M].北京：中国物资出版社，1998：356.

各省“十三五”体育事业发展公报、中国现代化报告、各省卫健委公报等权威文献中的指标进行慎重分析和借鉴，形成了初步的我国群众体育发展评价指标体系框架。之后依据各种理论分析、指标体系构建原则和专家访谈给予的建议，确定了我国群众体育发展评价指标体系框架。另外，通过专家咨询法（“Delphi”法）对指标体系框架进行指标筛选，从而得到我国群众体育发展评价指标体系。

第六，对我国各省群众体育发展的整体能力状况和群众体育资源配置行为效率进行评价分析。本研究利用“AHP”法确定各指标的权重，实现对各省群众体育发展整体能力的评价，从而获得各省群众体育发展的整体排名情况数据。同时为了避免“引起群众体育资源的粗放式投入”，本研究还将采用“DEA”法对各省群众体育资源配置行为效率状况进行分析，以提供各省群众体育资源配置行为效率的量化数据，从而洞悉我国群众体育资源配置效益情况，为各级政府和群众体育行政部门决策提供参考，充分调动和促进群众体育发展的各项因素，使得群众体育资源合理配置，实现资源利用的最佳化。

第四节 研究对象及研究方法

1.研究对象

由于本书围绕我国群众体育发展评价指标体系构建和我国群众体育发展评价实证研究两个方面展开，所以，其研究对象也包括两个方面：一是我国群众体育发展评价指标体系的构建，二是我国群众体育发展评价实证研究中的实证客体。作为社会结构的一个组成部分，群众体育的发展变化必然要受到政治、经济、社会、文化等诸多因素的影响。在我国，各省之间综合实力差异较大，我国群众体育发展不可避免地呈现出低水平的、不全面的、发展不平衡的状况。为此，本书以省级行政区为单位对群众体育发展进行研究，用实证的办法来证实和分析这种现象，并寻找解决对策。本书还抽取部分省作为样本来考察我国群众体育发展和群众体育资源配置情况。另外，本书根据地理位置、经济发展水平、自然条件和资源状况，分别抽取东部地区、中部地区、西部地区等三个地区的样本。样本地域分布见表1。

表1 样本地域分布

地区名称	被抽取的地方
东部地区	北京 天津 上海 江苏 广西
中部地区	吉林 江西 河南 湖北 湖南
西部地区	四川 重庆 贵州 西藏 甘肃

2.研究方法

1）文献资料法。

通过检索中国期刊网、万方数据库、超星图书馆和其他相关网站，以及查寻相关图书馆，收集和阅读有关群众体育、指标体系和评价方面的文献资料，大量阅读群众体育学、社会学、统计学、系统科学、管理学、经济学、运筹学、综合评价方法等方面的理论图书，阅读相关博士论文20余篇，为研究思路的构建和研究结果分析提供服务。本研究的数据来源于年鉴、体育事业发展公报、中国现代化报告、卫健委公报等文献。

2）专家访谈法。

就群众体育发展现状、发展趋势、影响发展的因素、群众体育发展定义、我国群众体育发展评价指标体系目标模式、指标的选取、指标体系构建原理及方法、评价方法等问题，走访有关专家学者（见表2），请他们就相关问题给予指导和建议，并获得深入、翔实的资料。

表2 被访谈或被咨询的专家学者情况

姓 名	职称或学位	工作单位	研究方向
熊晓正	教授	北京体育大学	体育社会学
祁国鹰	教授、博士	北京体育大学	体育统计学
邱招义	教授、博士	北京体育大学	体育社会学
刘海元	教授、博士	首都体育学院	学校体育学
尹 军	教授、博士	首都体育学院	体育教育训练学
周学荣	教授	南京师范大学	体育社会学
魏登云	教授、硕士	安徽师范大学	体育统计学
席玉宝	教授	安徽师范大学	体育社会学

续 表

姓 名	职称或学位	工作单位	研究方向
左新荣	教授	安徽师范大学	体育社会学
宋元平	教授	苏州大学	体育社会学
刘青龙	教授、博士	天津体育学院	体育统计学
方新普	教授	安徽工程科技学院	体育社会学
王 跃	教授	华东理工大学	体育社会学
江崇民	研究员、博士	国家国民体质检测中心	体育测量学
鲍明晓	研究员、博士	国家体育总局体科所	体育经济学
谭明义	教授	南京师范大学	体育社会学
周新华	教授	华东师范大学	体育教育训练学
方 青	教授、博士	安徽师范大学	体育社会学
朱佳滨	教授、博士	哈尔滨体育学院	体育社会学、体育教育训练学
何 斌	副教授、博士	安徽师范大学	体育社会学
董 欣	副教授、博士	哈尔滨师范大学	体育社会学
丁俊五	副教授、博士	安徽师范大学	体育统计学
孙继龙	副教授、博士	安徽师范大学	体育管理学
钱瑞梅	副教授、博士	安徽师范大学	体育管理学
杨风华	副教授、博士	江汉大学	体育社会学

3）“Delphi”法。

首先，依据本研究的需要，对大量文献进行了研读，并结合专家访谈获得的建议，设计群众体育发展的指标体系框架。其次，利用改进的“Delphi”法对样本指标进行相关性评价，重复两轮，直至专家对样本指标的评价意见相对稳定后，筛选掉部分与上一层次准则层或子准则层相关性差的样本指标，以及合并指标之间相关性较高、内涵信息重叠的指标，从而形成群众体育发展评价指标体系。最后，使用“Delphi”法设计专家咨询表（分层指标重要程度比较表），通过两轮调查确定各个指标的权重。

4）“AHP”法。

“AHP”法是一种决策思维方式，它把复杂问题分解为各个组成因素，将这些因素按支配关系组合成有序的递进层次结构，通过两两比较的方式确定层次中诸因素的相对重要性，再综合决策者的判断确定其权重，然后进行综合评分以确定各方案的总排序。针对群众体育的发展是一个包含多方面、多层次内容的复合概念，其本质是不断从简单到复杂、从低级到高级的结构变化过程，根据本研究目的和研究对象的特点使用“AHP”法是比较好的研究方法。

5）“DEA”法。

“DEA”法是近年来发展起来的一种新的效率评价方法，是一种应用线性规划来评价具有相同目标和相同资源投入和产出的基础单位工作效率的相对有效性分析。通过数据包络分析法，获得各省群众体育资源配置效率之间差距的数据，为今后提高效率和管理水平，以达到缩小差距提供参考。

6）理论分析法。

本书借鉴了相关理论并予以分析应用。首先，结合自组织理论，提出了将群众体育发展的外在环境纳入评价指标体系中来。其次，结合资源配置理论和“投入—产出”理论，将群众体育视为一项具有典型“投入—产出”性质的事业，同时也为指标体系框架的构建提供了理论依据。最后，在上述三个理论基础上，并结合科学发展观和相关的群众体育理论对“群众体育发展”的概念进行了定义，从而为后续研究打下坚实的理论基础。

7）逻辑分析法。

运用分析、综合、类比、归纳、演绎等逻辑分析方法，对所研究的问题进行深入探讨、论证和阐述。

第五节 主要创新点

第一，在建立我国群众体育发展评价指标体系框架结构时，除了关注群众体育内在系统，还将影响群众体育发展的外在环境纳入该评价指标体系中来，充分认识到外界环境的重要性。

第二，逐步认识到群众体育是一项具有典型“投入—产出”性质的事业，它的发展是国家大量人力、物力、财力、信息和制度等资源投入的结果。所以，我国群众体育发展评价指标体系框架是以“投入—产出”理论为指导来构建的。

第三，将采用“AHP”法和“DEA”法对我国群众体育的发展进行评价。目前将以上两种方法同时运用到对群众体育的研究非常鲜见。考虑到群众体育发展是一个包含多方面、多层次内容的复合概念，所以，使用“AHP”法将对本研究指标体系框架建立和权重的生成是一个非常好的方法，而采用数据包络分析法可以对各省群众体育资源配置行为效率状况进行分析，提供各省群众体育资源配置行为效率的量化数据。

第一章　群众体育发展评价指标体系研究综述

第一节　关于我国群众体育的研究

1.群众体育的概念研究

社会体育作为一种新的体育发展形态，它是对改革开放前“群众体育”的继承和发扬。在体育法中社会体育的地位最终以法律的形式确定下来，这使得“社会体育”在学术界的研究掀起了一轮高潮。然而，“群众体育”在我国人民的现实生活中，尤其在政府重大文献中，仍然是一个使用频率很高的概念。如《中华人民共和国宪法》第二十一条规定“国家发展体育事业，开展群众性的体育活动，增强人民体质”；《中共中央国务院关于进一步加强和改进新时期体育工作的意见》（以下简称“《意见》”）指出：“近20年来，各级党委、政府和体育系统在《通知》（《关于进一步发展体育运动的通知》）精神指导下，大力开展全民健身活动，推行‘奥运争光计划’，群众体育蓬勃开展，人民体质普遍增强。”而且在该《意见》中还多次提及“群众体育”一词。同时，在国务院、国家体育总局下发的各类法规文件和通知中也是多次使用“群众体育”一词，如《2001—2010年体育改革与发展纲要》《“十一五”群众体育事业发展规划》《〈全民健身计划纲要〉第二期工程（2001—2010年）规划》《体育事业“十一五”规划》《体育事业发展“十二五”规划》《体育发展“十三五”规划》《全民健身计划（2011—2015年）》《全民健身计划（2016—2020年）》等。可见，人们对“群众体育”和“社会体育”的理解存在很大差异，这也给本研究中的“群众体育”概念界定带来很多困难。长期以来，我国学术界对群众体育、社会体育概念的区分模糊，与它们相关的学校体育、竞技体育、军事体育属种关系不清，以致造成定义不准确。下面对国内专家提出和专著提及的“群众体育”和“社会体育”的定义进行比较分析。

卢元镇认为，群众体育指人民大众在余暇时间自愿参加的，以健身、健美、医疗、消遣、娱乐和社交为目的的内容广泛、形式多样的体育活动。[①]2000年版的《群众体育学》中提及的群众体育指人民大众为达到健身、健美、医疗和消遣娱乐等目的而进行的内容广泛、形式多样的体育活动，以及其组织领导系统和措施。在《体育科学词典》中群众体育是指人民大众在余暇时间自愿参加的，以健身、健美、医疗、消遣、娱乐和社交为目的的内容广泛、形式多样的体育活动。如果对这些定义进行归纳，“群众体育”应具备三个特点：一是面向人民大众，包括职工、城乡居民、学生、军人等；二是在余暇时间参与体育活动；三是参与形式多样的体育活动是以健身、健美、医疗、消遣、娱乐和社交为目的。

在“社会体育”定义方面，《辞海》中认为“社会体育”，亦称“群众体育”“大众体育”。体育的重要组成部分之一，根据国家的体育方针和社会的需要，依据参加者的实际情况，通过多种多样的形式进行的身体锻炼活动。目的是使广大职工、城镇居民、农民等通过锻炼达到健身、健美、休闲、娱乐、保健和医疗康复的目的。卢元镇认为，社会体育指职工、农民和街道居民自愿参加的、以增进身心健康为主要目的的，内容丰富、形式灵活的群众体育活动。[②]董新光认为，社会体育是在闲暇时间里，个人自愿参加的，以增强体质、增进健康、愉悦身心、增加交往为主要目的的自主性体育活动。《群众体育工作指南》认为，社会体育是公民自愿参加的，以增进身心健康为主要目的的群众性体育活动。它是我国群众体育的基本组成部分，也是我国体育事业的重要组成部分。它既有别于高水平的竞技体育，也有别于学校体育和军队体育。[③]通过归纳，“社会体育”与“群众体育”的不同主要集中在参与体育活动对象方面，即“社会体育”更多“面向城乡居民”。所以，广义的群众体育在本质上指，在社会成员余暇时间中广泛开展的，以身体运动作为主要手段，以提高健康水平，进行娱乐消遣为主要目的，在身心健全发展的阶梯上不断超越自我，促进社会物质、精神文明进步的社会实践。狭义的群众体育则是指除在学校以及部队中开展的体育之外，在其他一切行业或活动领域人们在余暇时间中开展的体育。

① 卢元镇.社会体育学[M].北京：高等教育出版社，2001：2.
② 卢元镇.社会体育学[M].北京：高等教育出版社，2002：1.
③ 朱德录.群众体育工作指南[M].北京：学苑出版社，1990：4.

特别指出，狭义的群众体育在国内不少正式或非正式场合也称之为社会体育。[①]因此，在国内形成了一个主流的看法，即认为群众体育和竞技体育构成了我国体育事业的整体，群众体育的外延包括学校体育、军事体育等。然而这还是存在很多问题，如学生在学校上体育课并非在余暇时间进行的，军人在部队从事体育活动的目的是为了国防安全和战争需要而并非为了健身、健美、休闲、娱乐、保健和医疗康复的目的，这就造成了“学校体育”和“军事体育”与广义群众体育的定义的不符。因此，为了消除“群众体育”和“社会体育”概念的分歧和困惑，尊重社会体育是对改革开放前“群众体育”的继承和发扬，及其保持与官方措辞的一致性和习惯性，本书将继续使用“群众体育”一词，但对体育活动参与对象限制于城乡居民，即“群众体育”的狭义定义。本书对“群众体育”的定义为：在余暇时间，职工、农民和街道居民为达到健身、健美、休闲和消遣娱乐等目的而进行的内容广泛、形式多样的体育活动。

2.群众体育的发展趋势研究

杨桦等认为，随着全民健身计划的继续实施，我国群众体育也将保持一个持续、快速、健康发展的总体态势。具体来说：①群众体育在社会发展中的地位与作用将更加凸显；②面向大众的多元体育服务体系将逐步建立；③建场地、建组织、建法规、开展活动、引导消费将是今后一段时间群众体育工作的主要任务；④生活化、社会化、法治化、产业化、科学化仍将是群众体育发展的主要趋势；⑤2008年奥运会的筹办和举办将促进群众体育快速发展。[②]李宗浩等也对我国群众体育的发展趋势进行了归纳：①我国体育人口数量将明显增加；②体育需求意识不断提高的同时，体育消费意识、投资意识日趋成熟；③体育需求的动机将由一元向多元化转变；④体育活动的参与形式更为多样、内容更为丰富，引领体育消费向多样化方向发展；⑤体育需求产品和服务的个性特征将日趋明显；⑥体育活动的边界将日趋淡化。[③]林显鹏认为2010年我国群众体育发展的基本趋势是：①群众体育发展的基本主题——通过体育活动提高人们的生活质量；②参加体育活动的人口状况——我

① 中国群众体育现状调查课题组.中国群众体育现状调查与研究[M].北京：北京体育大学出版社，1998：125.

② 杨桦，王凯珍，熊晓正，等.改革开放以来我国群众体育的发展演进与思考[J].北京体育大学学报，2005(6)：721-726.

③ 李宗浩，肖林鹏.全面建设小康社会进程中我国群众体育发展趋势及对策研究[J].哈尔滨体育学院学报，2005(3)：3-5.

国参加不同频度体育活动的人口也将得到相应提高；③群众体育将推动体育产业的快速发展；④群众体育的组织结构。管理体制的改革——群众体育的事务性的工作则主要由准行政机构、社会团体、私人机构等社会组织承担；组织结构的格局——多元化、网络化、科学化。[①]田雨普等认为我国群众体育发展的总趋势是：①在继续改革计划管理模式的基础上，逐步确立依托社会，多方参与，与社会主义市场经济相适应的群众体育管理体制；②运行机制逐步实现由福利供给型向消费市场型的转变；③在继续保持鲜明民族特色的同时，大众体育的国际性将明显增强；④群众体育锻炼在数量持续增长的同时，锻炼质量将明显提高；城市职工体育的集体化、统一性将逐步被社会化、多样性特点所代替；⑤农村乡镇和富裕村屯的群众体育率先发展，并将牵动农民群众体育的转变；⑥群众体育作为国家体育工作的重点，将受到社会各界，特别是体育界的普遍重视。[②]任海认为：①组织体系由封闭型向网络型发展，运行机制由单一的行政指令型向多元化的经营管理型发展；②到2010年群众体育设施不足的现状会得到缓解，初步形成健身娱乐目标的消费市场。③我国城乡群众体育形态的差异不会在短期内消失，并在各自内部出现针对不同人群特点和地区特征的诸多亚类；④体育活动沿着健身、调心、益群等多种维度展开，并与其他文化形式结合，出现多样化的趋势，呈现出功、拳、操、趣项目等各类别争奇斗艳的局面；⑤我国体育人口在数量上和质量上就有比较明显的改善。[③]以上是国内知名学者或课题组对我国群众体育的发展趋势所作的预测和总结，现在来看很多预测已经得到验证，这些充分说明我国由总体性社会向分化性社会转变中，国家与社会间的机构分化和关系调整对群众体育产生了非常重要的影响。本研究将总结上述专家的看法，对我国群众体育的发展趋势进行概括性总结：①群众体育发展逐渐生活化，群众体育将成为更多人的一种生活方式，成为一种更为普遍的社会现象；②对群众体育的组织管理重心逐渐由政府走向社会，随着政府体育行政部门管理职能的转变，体育社会团体等“第三部门”将会在兴办群众体育事业中发挥更大的作用；③随着改革开放的不断深入，我国对群众体育将逐步通过法律形式来控制、

① 林显鹏.2010年中国群众体育发展趋势的研究[J].中国体育科技,2001(11):10-13.

② 田雨普,朱志强,陈德明,等.我国群众体育的发展走向与对策[J].体育科学,1999(4):5-8,20.

③ 中国群众体育现状调查课题组.中国群众体育现状调查与研究[M].北京:北京体育大学出版社,1998:109-112.

监督与调节；④群众体育在社会主义市场经济体制下，必须逐渐面对市场、走向市场；⑤群众体育管理和体育健身活动科学化程度不断提高。

第二节 评价及综合评价方法的研究

1. 评价、评价系统与综合评价

评价是指按预定的目的，确定研究对象的属性（指标），并将这种属性变为客观定量的计值或主观效用的行为。属性是关于目的的框架结构，是对研究对象本质特征的概括。指标是关于研究对象属性的测度，是对象属性的具体化。指标体系是指系统的，具有紧密联系的，反映评价对象整体的一群指标，或具体指标的集合，它能反映评价对象或评价目标的全部或整体。鉴于在文献中大多对属性和指标并没有严格的界限，在本研究中将循惯例，对两者不严加区分。

评价有多种分类方法。按对象所处的阶段，评价分成事前评价、中间评价和跟踪评价。按评价模式，可分成传统评价模式和现代评价模式。①传统评价模式。这是我国目前最常用的一种评价模式，如“各单位评选体育先进工作者”即为一例。这一模式存在诸多弊端，其一是指标体系不全面、不规范；其二是评价方法本质上以定性分析或半定性半定量分析为主，科技含量不高，主观成分过重。②现代评价模式。这是当今蓬勃兴起的一种评价模式，它代表着评价的发展方向。这一模式的指标体系较全面、较规范。评价方法借助于对定性指标定量化，使指标体系成为可计算的，并可通过计算机软件予以实现。如“中国国民体质监测系统体质综合评价”就属于这一类型。该模式要求尽可能排除主观成分，使评价结果体现科学、民主、公正、公平、公开的原则。

评价系统由两部分组成，即评价主体和评价客体。评价主体指参与评价的人的群体，评价客体指评价的直接对象。在着手评价时，还需考虑评价环境。评价环境指评价系统以外且与之联系较紧密的其他部分，它是评价系统的外部环境。评价主体、评价客体和评价环境三者一起构成了一个复杂的开放系统。评价系统就其本质来说是一个信息处理系统，开展评价的过程是一个将无序信息有序化的过程，这一过程所需处理的信息量非常大，只有应用现代科学方法，借助于电脑才能实现。这样，评价主体便自然分成了两个子系统，即由专家群体组成的智囊子系统和由领导集体组成的决断子系统。[①]

综合评价的研究对象通常是自然、社会、经济等领域中的同类事物（横向）或同一事物在不同时期的表现（纵向）。具体的综合评价一般表现为以下几类问题：第一类问题是对所研究事物进行分类。第二类问题表现为对上述分类的序化，即在第一类问题基础上对各小类按优劣排出顺序。第三类问题表现为对某一事物作出整体评价。当然也必须有参考系，否则无法作出评价，如对一套自由体操动作的评分。

2.常用综合评价方法概述

综合评价的依据就是指标。指标按不同的标志可分为实物指标和价值指标、相对指标和绝对指标、单项指标和综合指标等。

往往用最终结果来衡量事物发展的情况，而结果则用实物指标来反映，比如生产了多少支网球拍等。这种衡量方式显然是非常粗略的，因为网球拍有等级品种和型号之分，由于量纲不同而无法汇总相比。为了解决这样的问题，就产生了价值综合指标，即通过引进价值这一共同度量因素解决不同实物指标的可综合问题，比如非常典型的总产值指标。然而用总产值进行评价，会导致大家都盲目地追求高产值，随着社会经济的进一步发展，管理的重心从单纯地追求高产出而转向注重效益，即追求以尽量少的投入而得到较高的产出。用价值综合指标进行评价就不能满足这一要求。效益表现在多个方面，比如能耗、劳动生产率、资金使用效益，等等。为了从效益角度对事物进行综合评价，就产生了指标体系评价法，即用不同的指标对事物发展的多个方面分别予以反映。这种指标体系法虽能全面反映某一个事物的发展状况，但在不同事物间比较时又遇到了困难。由于各个指标的同时使用，经常会发生不同指标之间相互矛盾的情况，因而不能对被评价事物作时间和空间上的整体对比。比如在比较甲、乙两个社区的社区体育发展优劣时，往往会遇到这样的情况，甲社区有几项指标好于乙社区，同时，乙社区又有另外几项指标好于甲社区，这时就无法判断甲、乙两个社区的社区体育发展到底谁好谁差。由于指标体系的这一不足，人们又发展了多指标综合评价方法，即把反映被评价事物的多个指标的信息综合起来，得到一个综合指标，由此来反映被评价事物的整体情况，并进行横向和纵向的比较，这样既有全面性，又有综合性。近年来，围绕着多指标综合评价，

---

① 秦寿康，等.综合评价原理与应用[M].北京：电子工业出版社，2003：1-3.

其他领域的相关知识不断渗入，使得多指标综合评价方法不断丰富，有关这方向的研究也不断深入。主要表现在六个方面：①评价所用的指标是多种多样的，评价的问题也不是单一的。20世纪60年代产生的模糊数学在综合评价中得到了较为成功的应用，产生了特别适合于对主观或定性指标进行评价的模糊综合评价方法。②多指标综合评价中比较难以解决的是综合时各指标间信息的重复问题。近几年来迅速发展的多元统计分析为解决这一问题提供了可能性，因而产生了主成分分析法、因子分析法，另外判别分析、聚类分析也为解决上述第一类、第二类和第三类综合评价问题提供了较好的定量方法。③由于评价对象的多样性及评价的决策作用，多目标决策方法也融入综合评价中来，比如功效系数法，“AHP”法等开阔了评价方法的思路。④运筹学的新发展产生了将投入和产出指标分离开来评价部门间相对有效性的数据包络分析法，在对非单纯盈利部门进行评价时取得了很好的效果。⑤信息论、灰色系统理论等也渗透到综合评价中来，产生了熵值法、灰色关联度评价法等。⑥多维标度分析及空间统计学的发展提高了统计分析技术上的整合能力，使多目标综合计价方法的应用更加深入。①

到目前为止，已经出现了多种综合评价方法，但这并不意味着综合评价方法和理论已十分完善，还有不少的问题正在不断研究和完善之中，或者还有待于进一步解决。

第三节 群众体育发展评价指标体系研究现状

1.国外研究现状

本研究对国外的群众体育发展指标体系进行查找，但相对应的资料非常有限，不过通过已有的文献资料和查阅网上与之相关资料，我们进行了整理和总结，并根据近年来国外群众体育的发展特点和趋势，对其有了一个比较全面的认识。

澳大利亚学者Joan Cunningham and Mary Beneforti在其论文*Investigating indicators for measuring the health and recreation programs in Australian indigenous communities*中为了评估澳大利亚健康娱乐计划而提出的相应的指标体系。其中一级指标包括：①计划的可行性和可持续性指标；②参与指标；③成果指标。

① 胡永宏，贺思辉.综合评价方法[M].北京：科学出版社，2000：1-4.

在“计划的可行性和可持续性指标”中涵盖了：①体育娱乐官员在社区的人数；②体育娱乐官员在社区工作的时间；③在适当时候的体育活动时间表；④协助社区居民参与体育锻炼；⑤体育活动和娱乐活动的资金；⑥体育娱乐官员的学历和经验；⑦社区委员会或其他社区领导小组对所提供的体育和娱乐活动的满意度；⑧体育娱乐官员在组织社区居民、协助管理、实施活动的信心；⑨体育娱乐官员在与社区主要群体处理工作关系的信心；⑩体育娱乐的持续规划；⑪体育娱乐官员对目前设施和设备是否有相应的评估。纵观该指标体系我们发现它的关注点更多地放置于：①社区；②群众体育的管理者；③体育娱乐与社会问题的关联性。但该指标体系的定性指标太多，缺乏可操作性。

爱沙尼亚文化部在“Estonian Strategic Development Sport for All Programme 2006-2010”一文中构建了一个大众体育发展指标体系，该指标体系构建的目的是使爱沙尼亚有45%的人口经常参加体育活动。为了达到此目的，爱沙尼亚文化部构建的指标体系共建立了一级指标和二级指标。一级指标分别是：参加体育俱乐部的人口数量；专门为大众体育服务的体育俱乐部的数量；关于大众体育的各方面研究；体育设施（二级指标包括：体育设施的数量；体育设施的质量）；大众体育的保健健康服务、信息服务和咨询服务（二级指标包括：居民健康状况的提高；关于居民体育意识提高的研究；参观信息中心的人数）；锻炼（二级指标包括：参加专门训练和一般锻炼的人数；提供给专门训练和一般锻炼的服务质量）；大众体育专业人士的精神财富及其传播（二级指标：包括出版物的数量和反馈；民间的社会研究和参考书的数量）；大众体育的管理（二级指标包括：参加管理的人数；统计数据分析和调查的机构）。公共关系和大众体育的推广计划（二级指标包括：直接能推动大众体育发展的活动的数量和质量；有关大众体育节目的电视和电台以及相关的文章报道）。该指标体系特点是：目的明确，所有指标都以发展体育人口为核心；忽视社会与大众体育发展之间影响的互动性，定性指标过多，可操作性低。

通过对这些国家的群众体育发展指标体系和现状的总结和归纳，它可以给我们建立群众体育发展评价指标体系提供很多借鉴：以人民为中心，提倡群众体育发展的公平性；注重宣传和倡导城乡居民参加体育活动；高度重视群众体育场地设施的开发与服务；积极支持群众体育的志愿者服务；重视对社区体育和学校体育的发展；关注群众体育发展对社会的影响。

2. 国内研究现状

2008年11月，通过中国学术期刊网，以检索项“篇名”、检索词“群众体育”“大众体育”和“社会体育”，分别检索2000年至2008年的论文，共检索出1 351篇论文，再以检索项“篇名”、检索词“指标体系”分别在884篇论文中进行“在结果中检索”，共检索2篇论文。同时以检索项“篇名”、检索词“群众体育”“大众体育”和“社会体育”，分别检索2000年至2008年的优秀硕士、博士论文，检索到硕士论文62篇，博士论文1篇。在中国国家图书馆查阅相关博士论文，以检索项“题名”，检索词“群众体育”“大众体育”和“社会体育”分别检索，只检索到2篇。并对各省统计年鉴和有关书籍关于体育及群众体育的指标进行查阅。通过对以上文献的分析，从目前国内对群众体育研究来看，研究的成果比较多，涉及群众体育各个方面，但是对于我国群众体育发展指标体系研究的成果较少，主要有严德一、戴向明、吕树庭、李艳翎、唐宏贵等学者进行了相关的研究。

戴向明（1998年）对中国群众体育发展指标体系进行了研究，研究成果报告出现在《中国群众体育现状调查与研究》一书中。它以群众体育服务生产系统和群众体育消费系统为一级指标，并通过筛选最终确定了12个二级指标和权重。12个指标分别是群众体育服务生产系统指标：人均群体经费额；人均拥有体育场馆面积；每万人拥有体育活动站点数；每万人拥有社会体育指导员数；群体科研、培训投资占总投资比例；大专以上管理人员占管理人员总数比例；群众体育产值；资金利税率。群众体育消费系统指标：体育人口占总人数比例；达到体质合格标准人数占测定人数比例；人均体育支出占总消费比例；人均体育活动时间占余暇时间比例。该指标体系比较全面地总结了20世纪末我国群众体育发展状况，并依据当时情况建立该指标体系，所以它已经不符合当前群众体育发展现状。另外，它也过于宏观，有失公平。如：该指标体系忽视了城市体育和农村体育发展的强烈异质性，而未将农村体育纳入其中使得整个指标体系的信息损失较多；忽视了群众体育发展与社会各方面的联系等。

2002年，吕树庭等认为该体系包括2个一级指标：投入指标和产出指标；12个二级指标：其中投入指标包括社会体育领导、社会体育计划、社会体育宣传、社会体育组织、社会体育设施、社会体育经费、社会体育活动、社会体育法制等8个二级指标，产出指标包括体育意识、体育消费、经常参加体育活动的人数、群众的健康水平等4个二级指标。该体系包括62个三级指标。[①]该论文从整个二、三级指标来看比较完整地囊括了社会体育（群众体育）内部体系的方方面面，并以“投入—产出”理论为指导来构建整个指标体系，不过忽视了我国经济、社会等外界环境因素对于社会体育（群众体育）发展的影响，同时三级指标过多，不仅造成了信息的重叠，而且也违反了指标体系精炼性原则，应该突出重点，选择有代表性的核心指标，因此整个指标体系评价的合理性和可操作性有待商榷。

李艳翎等认为，建立体育社会评价指标体系旨在评价体育运动发展对国家发展目标的贡献与影响，以及评价对社会、生活与自然环境可持续发展的影响。该指标体系将“社会影响”专门作为一项一级指标进行研究，充分认识到体育对社会环境的影响。[②]虽然该指标体系的研究对象和评价目标与本研究不一致，但其对社会影响的重视可以作为本研究的借鉴。需要指出的是，该指标体系“社会影响”指标下的二级和三级指标大都是定性指标。这种定性指标过多，会造成因在评价过程的数据采集中主观因素过多，从而影响了整个体系评价的准确性、公正性和可操作性。

2006年，严德一对构建小康社会群众体育发展预期指标体系提出自己的观点，该体系共有6个一级指标：群众体育发展主体的观念和行为，关联因素对群众体育发展的促进，群众体育发展的社会条件，群众体育发展的政策支持和制度保障，群众体育发展的经济和物质条件，群众体育发展所需的人才和技术支持。[③]

2006年，唐宏贵等建立一级指标5个（社会动力指标、资源保障指标、活动参与指标、工作绩效指标、学校体育指标）、二级指标18个、三级指标44个的评价体系。他所建立的体系具有很强的可操作性，基本上使用定量指标，同时对各指标的内涵和数据获取进行详细介绍，所以这套指标体系具有很高的参考价值。[④]不过该指标体系未将描述群众体育发展状况的核心指标和一般指标加

---

① 吕树庭，倪同云，丘海雄，等.建立我国社会体育评估指标体系的研究[J].上海体育学院学报，2002(3)：1-5.

② 李艳翎，龚正伟，贺昭泽，等.体育社会评价指标体系的研制[J].北京体育大学学报，2004(12)：1 592-1 593，1596.

③ 严德一.全面建设小康社会背景下的群众体育发展预期[J].武汉体育学院学报，2006(1)：15-19.

④ 唐宏贵，郭惠平，黄靖，等.湖北省“全面建设小康社会时期”群众体育达成目标与评估指标体系的研究[J].体育科学，2006(6)：28-42，50.

以区分，使得整套指标体系过于繁冗。

肖林鹏在其编著的《社会体育管理》一书中转引一链接，即“社会体育管理绩效评估指标体系”。该评估指标体系建立一级指标3个，即社会工作的组织管理水平（二级指标包括社会体育组织机构设置、社会体育规章制度、社会体育发展规划、领导重视程度、人员分工），社会体育资源的开发利用程度（二级指标包括体育经费、体育场地设施、社会体育指导员、社会体育活动、社会体育组织、体育宣传、体育政策法规、社会体育科学研究）和国民体质与健康的状况（体育人口、经常参加体育锻炼的人数、国民体质发展水平、体育意识、体育消费）。[①]该指标体系各指标基本是定性指标，而且这些定性指标的涵义过于笼统，缺少可操作性。

本研究对近几年我国各省的统计年鉴中有关体育和群众体育发展的统计资料进行了查阅，统计资料主要集中在：等级裁判员、运动员人数和运动员破纪录情况，在国内外比赛中获奖牌数，体育系统职工人数，优秀运动员、教练员情况，全民健身活动情况等。全民健身活动情况包括每年全民健身活动次数和人数，《国家体育锻炼标准》达标人数，群众体育健身活动场所情况包括社区体育健身设施数、健身点、社区健身场地面积，国外体育活动交流情况等。虽然各省的统计年鉴中关于体育和群众体育发展的统计资料并非社会指标，这些统计资料一般是中立的、无价值取向的，缺乏社会指标所要求具有规范的、带有价值取向和目标性的要求，但是，各省统计年鉴中的这些统计资料所反映的信息对于本研究是有价值的，我们将有选择地加以借鉴和采用。

董新光等认为，为了实现全民族健康素质明显提高的基本目标，我们所构建的全民健身体系，就是一个能够不断为全体国民供给和改善体育健身环境和条件，基本满足全体国民多样化的体育健身需求，使全体国民的健身素质得到明显提高的服务和保障体系。这个系统是分不同层次构架由若干因素构成的整体，是一个由区域体系和内容体系构成的整体。他们还认为，全民健身体系从区域划分的角度应包括城市全民健身体系（二级指标包括市、区、街道、居住区的全民健身体系）、区域行业全民健身体系、农村全民健身体系（二级指标包括县、乡、村全民健身体系）；从内容上划分的角度应包括：体育服务体系（二级指标包括体育场地设施系统、体育活动指导系统、体育健身组织系统、体育消费市场系统、体育信息供给系统）、体育保障体系（二级指标包括体育法制系

---

① 肖林鹏. 社会体育管理[M].北京体育大学出版社，2005:32-33.

统、体育资金系统、体育科技系统、体育管理系统）和体育支持体系（二级指标包括体育理论知识系统、体育教育人才系统、体育宣传舆论系统、体育监测评价系统）。虽然这是全民健身体系指标体系结构，但是全民健身体系作为我国群众体育发展的重要组成部分和重要内容，它可以为本研究提供很好的参考。他们指出，指标体系目标指向是建立比较完善的农村全民健身体系，指标体系的框架是以农村全民健身体系框架为基础，共建了3个一级指标（体育生活质量、体育保障条件、体育效益效果）、12个二级指标（体育设施、有组织体育活动者、体育指导者、体育物质消费、体育精神消费、体育机构、资金投入、体育组织、体质状况、运动人才培养、体育财务资源分布、体育人力资源分布）、24个三级指标。虽然该指标体系是针对农村体育，但他们在构建指标体系中所采用的研究方法、指标体系设计原则和理论基础、指标体系的目标指向的建立、指标的筛选和权重的确立都有很多值得本研究借鉴的。①

付明忠通过特尔菲法、主成分分析法构建了西部群众体育评价指标体系，包括群众体育生活质量、群众体育资源保障、群众体育效益效果3个一级指标、10个二级指标和17个三级指标。其中，17个三级指标包括每10万人全民健身设施数量、人均全民健身设施面积、县级以上群众体育活动数量、每10万人群众体育活动数量、年人均体育消费与收入比例、人均群众体育投资金额、每10万人体育指导站数量、青少年体育俱乐部数量、社会体育指导员数量、每10万人社会体育指导员数量、人均GDP、城市化水平、体育人口比例、国民体质综合指数、学生体质健康合格率、全国体育先进乡镇数量、全国体育先进社区数量等。虽然，该文所选取的17个具体主要涉及西部地区群众体育评价指标，具有地区性考量，但是还是有部分指标值得考虑。②

纵观以上文献资料，国内有关群众体育发展指标体系的研究或相关研究成果虽然不多，但它们还是给我们提供了不少的认识和借鉴。不过需要指出的是，以上研究成果主要集中在指标体系框架的构建上，而很少关注：①评价方法选择的问题；②指标体系的可操作性和精炼性；③指标之间独立性的问题；④定性指标和定量指标关系处理的问题；⑤权重确定的问题。因此，本研究将认真借鉴和吸收国内外有关研究成果的精华，重视以上五个问题，为构建和完善我国群众体育发展评价指标体系打下坚实的基础。

---

① 董新光，晓敏，丁鹏，等.农村体育评价指标体系的研究[J].体育科学，2007(10)：49-55.

② 付明忠，西部群众体育评价指标体系构建与实证研究[J]，成都体育学院学报，2014(10)：55-59.

第二章　我国群众体育发展评价指标体系框架构建理论依据

第一节　我国群众体育的定义、结构和功能

1. 本研究的“群众体育”的定义

为了消除“群众体育”和“社会体育”概念的分歧和困惑，尊重社会体育是对改革开放前“群众体育”的继承和发扬，及其保持与官方措辞的一致性和习惯性，本研究将继续使用“群众体育”一词，但对体育活动参与对象限制于城乡居民，即“群众体育”的狭义定义。本研究对“群众体育”的概念定义为：在余暇时间，职工、农民和街道居民为达到健身、健美、医疗和消遣娱乐等目的而进行的内容广泛、形式多样的体育活动。

2. 我国群众体育的结构

群众体育系统是一个开放的复杂的系统，它具有清晰的结构特征。群众体育的结构是指构成群众体育系统的内在各种因素的相互联系、相互制约、相互作用的相对稳定的方式。群众体育发展评价实际上是对群众体育系统发展状态的评价。对于本研究来说，构建群众体育系统对于进行群众体育发展评价至关重要。由于系统结构是系统内部各要素统一组合的秩序和方法，它反映着系统内部各要素之间的稳定联系，表现为系统内部的组织、机制、序列和层次等，所以，在构建群众体育系统之前必须对群众体育的结构进行分析。

1）我国群众体育的结构特征。

第一，整体性。群众体育中的各个组成部分组成了一个有机联系的整体，不同性别、年龄、职业的体育参与者，都是群众体育活动的主体，缺少他们参

与的群众体育其结构是不完整的。同时，群众体育系统内部的联系以及与外界环境进行的物质、能量、信息交换的过程，也要通过群众体育的结构整体来实现。

第二，层次性。现代群众体育的结构层次是复杂的，这种结构的层次性可分为群众体育的深层结构和表层结构。所谓深层结构，包括群众体育的性质结构、功能结构、知识结构、智力结构、智能结构、技术结构、人才结构；所谓表层结构，包括群众体育的组织结构、项目结构、等级结构、年龄结构、类别结构、管理结构，等等。

第三，稳定性。它表现为群众体育结构的稳定性。就现代群众体育的具体结构来说，以群众体育参与者的年龄为划分标准，它包括婴幼儿体育、青少年体育、老年体育等；以群众体育参与者的性别为划分标准，它包括男性体育和女性体育；以参与群众体育的组织形式为划分标准，它包括家庭体育、社区体育、企业体育和俱乐部体育等。当然，根据不同的划分标准，群众体育就会有不同的具体结构，而且群众体育各个部分密切联系和相互制约，体现群众体育结构所具有的稳定性。群众体育作为一个开放性的系统，与外界环境有着稳定的联系，并不断地稳定地进行物质、能量和信息交换。

第四，动态性。群众体育结构的动态性是与结构的稳定性相对而言的。整体性是发展的，层次性是变动的。就是说，结构的动态性是绝对的、普遍的，因而是客观的。群众体育作为人类特有的社会现象，它所具有的结构不仅随着自身的运动而变化，而且随着人类的发展和社会的发展而变化。群众体育结构动态性，使群众体育自身形成了过去、现在和未来的纵向发展序列，使群众体育的规模、速度、程度在不断变化和发展的过程中，呈现了纷繁复杂、多姿多彩的局面。

2）群众体育结构类型。

在对群众体育结构类型划分上，国内学者对此研究成果较多。由于研究视角和切入点的不同，此处更多地借鉴了袁旦的观点：从实践的观点看，现代群众体育存在两个基本结构——个体结构和社会结构。首先，个体结构是个体的体育实践赖以进行的物质基础。其次，由于个体的体育实践必然与同时代其他个体的体育实践构成某种关系，所以同时代人们的体育实践又在社会整体层面上形成社会结构，从而群众体育的社会结构形成了整个社会的群众体育运行的物质结构基础。随着社会的不断发展，群众体育的社会结构呈现出复杂化、多元化和多层次的特点，成为规模宏大的社会文化系统。

（1）群众体育的个体结构。

群众体育的个体结构（见图1），即作为个体的人的体育实践赖以进行的物质基础。个体的体育实践表现为他在自觉体育意识支配下进行身体运动的过程。根据辩证唯物论的实践观点，个体的体育实践作为其满足自身娱乐享受和身心健全发展的需要而进行的对自己身心进行改造的活动。这个结构是“一个在自然环境、经济系统、文化系统、政治系统、社会环境等各种因素综合而构成的大环境给定的条件下，由参与体育活动的居民与其运动环境相互作用而构成的系统”。由于体育是人以自身作为改造对象的实践，具有主、客体的同一性，其目的不是改造环境或外在于主体的其他客体（事物），而是为了改造自身，在这个过程中，虽然不可避免地会对环境产生改造的作用，但要求对环境的改造必须适合或服从对人的自身改造的需要。

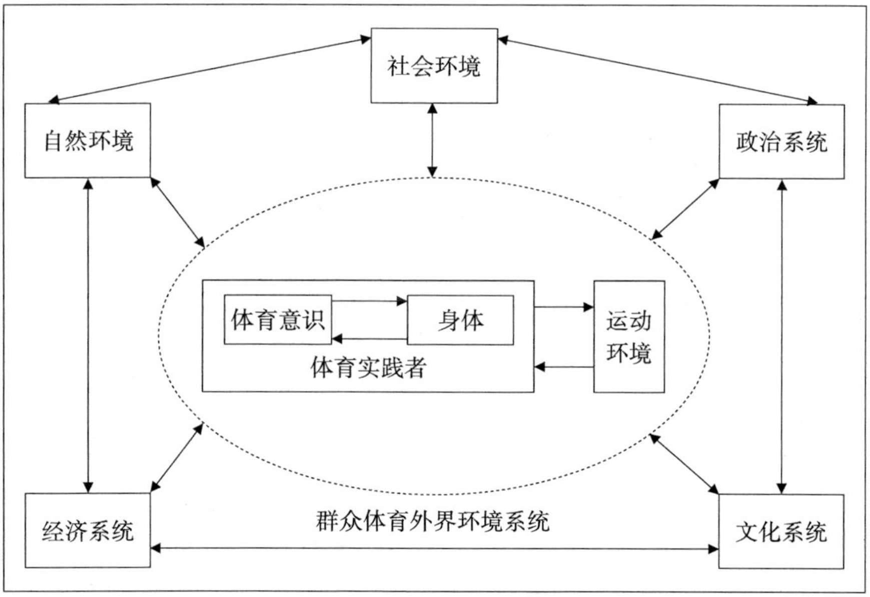

图1 群众体育的个体结构

一般来说，运动着的人本身又是由其体育意识与身体这两个子系统相互作用而构成，他们都是现实的、活生生的、具体的人。运动环境则是由有限的自然环境与有限的社会环境这两个子系统相互作用而构成。体育实践者与运动环境的相互作用过程作为这个系统的整体行为即是个体的体育实践过程。这种过程首先对实践者的自身身心产生积极的改造作用，同时又对有限的运动环境，乃至自然生态、社会综合的大环境产生反作用。

在体育的个体结构的内部联系中，体育实践者是起主导作用的。每个人可能的运动环境都不相同，因为他可选择的运动环境本身就是由他自己决定。目前，在群众体育的研究中，由生物、心理、社会三方面的特殊性所造成的个体之间的差异日益受到了高度重视。从整体上看，现代体育科学在理论和技术上已在相当大的程度上能够根据人的生物、心理、社会属性的特点，对其体育实践进行科学的设计和个性化的服务；在体育的个体结构的外部联系中应看到，不论不同个体的体育结构相互间有着怎样的差异，但作为群众体育结构系统的子系统，它们的具体状况或水平总是由它们所处的群众体育结构大系统，乃至“自然—社会”大系统的发展水平决定的。这就是说，个体的体育状况总是受着整个社会经济、政治、文化发展水平和体育的整体发展水平的制约，不论个体的体育状况相互间存在着怎样的差异，一概不能逾越时空条件的制约。

（2）群众体育的社会结构。

群众体育作为一种大规模社会实践，其结构是复杂的。根据体育和群众体育的本质，从根本上讲，一般社会成员的体育行为都是文化消费行为。现代体育的一个重要特征是社会形成了专门为人们提供群众体育服务的劳动生产部门，即各级政府和群众体育行政部门、体育社团和群众体育企业等。这个部门集中着社会发展群众体育的主要资源，它不仅向人们提供劳务和物质形态的体育服务，使越来越多的社会成员的体育行为成为对其劳动成果的直接消费，而且它还不断生产着体育的知识信息，为广大社会成员提供服务。由于知识信息作为一种资源具有“共享性”，能够通过各种途径传播，又使许多社会成员的体育行为成为其劳动成果的间接消费，所有这些都说明，现代体育的高度社会化使得广大社会成员体育需求的满足基本上不能脱离社会的整体性联系。因此，群众体育这种大规模实践，在今天其基本运作方式表现为一种群众体育服务的生产与消费相互作用、对立统一的运作过程。从这个角度考察群众体育，它就有如图2所示的群众体育的社会结构。

群众体育的社会结构是一个由群众体育服务的生产部门与消费者系统相互联系所构成的社会文化系统。自然环境、社会经济、政治、文化等方面发展状况综合而形成的“自然—社会”大系统是这个系统生存和发展的环境，它提供了群众体育系统发展的可能性。这个系统中，群众体育服务生产部门的生产能力和群众体育服务消费者的消费能力则共同决定了将“自然—社会”大系统提供的群众体育发展的可能性转化成为现实性的程度，并且这种现实的发展结果又反作用于“自然—社会”大系统，对经济、政治、文化等的发展产生影响。

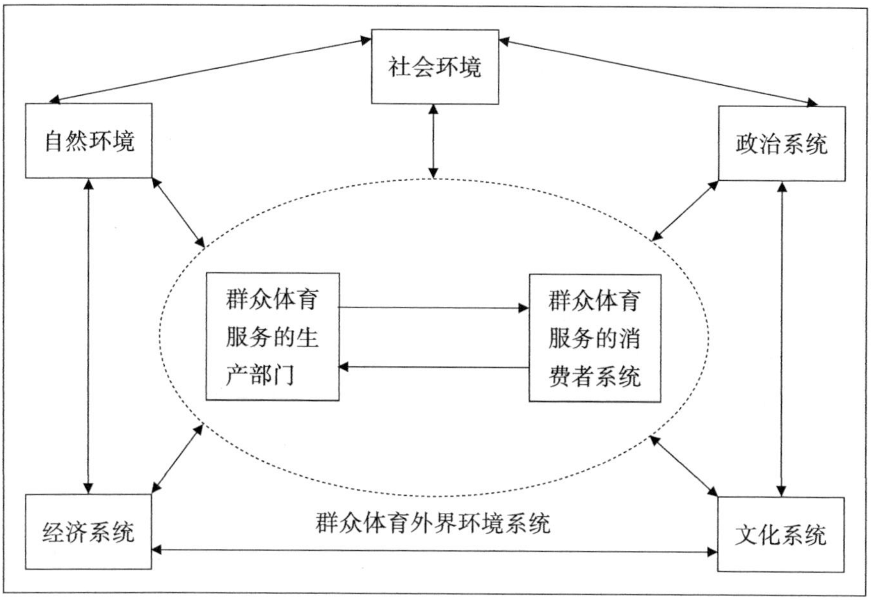

图2 群众体育的社会结构

①群众体育服务的生产部门。

世界各国的群众体育服务生产部门，由于历史的和现实的各种原因和差异，因而形成了不同的具体形式。这种不同集中表现在管理的体制和运作方式不同，这种不同也是各国群众体育乃至整个体育的社会结构的主要差异。但是不论它们的具体形式如何，群众体育服务生产部门的生产能力在各国基本上都应该由一些次级能力子系统构成：从宏观到微观的决策能力和管理能力，各种专门技术人员直接或间接的体育服务生产劳动能力，科学研究工作者为上述两种能力提供支持的体育科学研究能力，体育生产部门的人员培养、教育能力，使体育服务的生产和体育科学研究得以实现的物质形态和精神形态的劳动手段能力，辅助服务人员为实现体育服务所形成的辅助服务能力，体育传播系统的传播能力，流动资金及其管理的能力等次级能力子系统。

②群众体育服务的消费者系统。

群众体育服务消费者包括全体城乡居民。在考察消费者结构的过程中，可以从人的生理、心理和社会属性的角度进行多重分类，认识他们整体结构和个体的具体状况。由于人的生理、心理和社会属性与其体育需要和体育服务消费能力之间都存在着密切的关系，因此进行这种分类研究对于把握他们的消费能力发展趋势有着重要的意义。其中主要的分类标准包括性别、年龄、健康状况、身体条件、民族、文化水平、职业、社会地位、经济状况、居住环境、体育兴趣和需要等。不过以上任一标准的分类，都只考虑体育消费是在自然、心理或社会等方面各类属性中的单一属性，而其他的各种属性都被撇开，不予考虑，从逻辑上讲，这本身就是一个抽象的过程。因此，每一标准或角度的分类体系都只构成对消费者系统和群众体育一个侧面的抽象认识。但体育消费者无论就群体或个体而言，他们都是活生生的、具体的、现实的群体和人，都是他们自身一切自然、心理、社会抽象的分类属性的综合，所以消费者系统或群众体育的具体结构是复杂的，具有“一体多面”的性质。我们只有从一系列不同角度的分类研究联系起来或加以综合，才构成对消费者系统和群众体育的全方位考察和认识。而消费者系统或群众体育的具体结构恰恰就是各种角度抽象分类结构体系的综合。一般来说，人们的文化和经济状况（无论整体或个体）对其体育服务消费能力具有主要决定作用。在群众体育的管理、科学研究和具体开展过程中，人们通常总是从某一种或几种属性出发进行分类和处理问题。

3.群众体育的功能

群众体育的功能取决于群众体育本身的结构、特点和社会的需要，群众体育的功能除了反映群众体育本质的强身健体自然属性的功能之外，其社会功能主要表现在文化娱乐功能、社会情感功能，以及发展生产力的功能等几个方面。

1）健身功能。

群众体育的健身功能是通过经常性的、科学合理的身体锻炼的效果表现出来的。它要求人直接参与有意识、有目的的旨在增进健康的身体活动，这是体育最本质的特点和功能。参加体育锻炼可以改善和提高参与者中枢神经系统的能力，使人头脑清醒、思维敏捷；可以促进青少年有机体的生长发育，提高运动能力；可以促进人体内脏器官构造的改善和机能的提高；可以调节人的心理，使人朝气蓬勃，充满活力；可以提高人体的适应能力、免疫力和避免外界伤害的能力；还可以防病治病，延缓衰老，益寿延年。①

2）文化娱乐功能。

内容丰富多彩、形式灵活多样的群众体育是社会文化娱乐生活的重要组成

① 卢元镇.社会体育学[M].北京：高等教育出版社，2002：25-27.

部分。人们通过参加体育活动，特别是参加那些自己喜爱和擅长的运动项目，会在身体完成各种复杂练习的过程中，产生一种成就感；在与同伴的默契配合中，在与对手的斗智过程中，产生交往、合作的满足感；在征服自然障碍的过程中产生的快感，升华为自尊心、自信心、自豪感。同时，由于各种运动项目的不同特点，能使人在实践中获得各种不同的娱乐享受。

3）社会情感功能。

体育运动是一种极富感情色彩的高尚活动。它是人们高级情感的产物，又是人类高级情感的发生器，丰富着人类的情感宝库。在体育运动中，人们追求积极向上的荣誉感和相互交往的亲和感，用“公平竞争”的精神维系着伦理道德。因此可以说，体育活动能调节人的心理平衡、稳定情绪、抑制紧张、增强自信心、增进人的感情交流，承担着充实现代人高级情愫的功能。

4）经济功能。

群众体育虽然不是一种直接进行物质生产的经济活动，但是它有极高的经济价值。社会体育的经济价值表现在两个不同的领域，在物质生产部门，由于职工体育、农民体育的开展，改善了劳动者的健康状况和体质状况，可以通过提高出勤率、生产效率和劳动热情，提高团队意识、增强协作精神，降低发病率、死亡率等形式，给生产劳动带来益处。同时，群众体育的产业经营部门，是国民经济的一个组成部分，体育健身产业作为第三产业可以增加生产总值，也可以增加就业机会。这一功能已经引起经济部门的重视，在我国已经将它列为新兴产业，努力将它发展成为国民经济新的增长点。

5）教化社会的道德功能。

在群众体育活动中，通过人与人、人与社会的广泛接触，能够培养人们热爱祖国、热爱生活的感情，树立起繁荣社会的责任心，能够增强团结友爱、同心协力的集体主义观念。通过与规则、裁判的紧密联系，能增强人们的民主意识和法制观念，逐步树立起公正无私、文明礼貌和遵纪守法的社会风尚。通过与同伴或对手的比赛，能够刺激和强化人们不甘落后的竞争精神及奋发向上的进取意识。在身体锻炼过程中，人们要不断克服来自个人和环境的种种困难，培养锻炼人们勇敢、坚毅、果断、顽强等优良品质。

第二节 我国群众体育发展评价指标体系目标模式的构建

1. 我国群众体育发展评价指标

社会指标理论认为，“社会发展指标体系的实践特点或基本前提，是以明确的社会目标作为整个指标体系的出发点。”[1]建立科学社会指标体系具备的基本条件，是“特定的具有明确指向性的目标模式”[2]。

群众体育事业是体育事业的基础。群众体育事业的发展规模和发展水平是体育事业发展规模和发展水平的基本标志。因而，长期以来，党和政府十分关心和重视广大人民群众的体质健康水平，把增强人民体质作为发展体育事业的根本目的和任务，并作为国家意志写入《中华人民共和国宪法》。其第二十一条明确规定“国家发展体育事业，开展群众性的体育活动，增强人民体质”，从而使“发展体育运动、增强人民体质”成为我国体育事业法定的目的和任务。2002年的《意见》提出：“群众体育以全民健身为目标，广泛开展体育活动，不断提高全民族的健康水平。”在2006年的《“十一五”群众体育事业发展规划》中确定“十一五”期间，群众体育事业发展目标是：“圆满完成《国家国民经济和社会发展第十一个五年规划纲要》确定的群众体育任务，顺利实现《全民健身计划纲要》确定的到2010年的奋斗目标，努力实现群众体育与国民经济与社会事业的协调发展；广泛开展全民健身活动，普遍增强全民族的健康素质，不断满足人民日益增长的体育健身需求，基本建成有中国特色的全民健身体系。”国务院印发的《全民健身计划（2016—2020年）》提出，到“2020年，群众体育健身意识普遍增强，参加体育锻炼的人数明显增加……与全面建成小康社会相适应的全民健身公共服务体系日趋完善”。国务院发布的《全民健身计划（2021—2025年）》提出，“到2025年，全民健身公共服务体系更加完善，人民群众体育健身更加便利。”通过对上述法律法规和文件的分析，虽然在表述上略有差别，但经过总结和归纳，本研究认为我国群众体育事业的发展目标指向有两个：增强人民体质，促进全民族健康素质的明显提高；形成比较完善的全民健身体系。其中二者之间的关系是相辅相成、相互制约的。没有增强人民体质

---

① 郑杭生，李强，李路路．社会指标理论研究[M]．北京：中国人民大学出版社，1989：172.
② 韩玉敏，郝秀芬，王军．新编社会学辞典[M]．北京：中国物资出版社，1998：356.

的需求，也不会有比较完善的全民健身体系；而没有形成比较完善的全民健身体系，很难为增强人民体质和促进全民族健康素质提供保障。因此，本研究将我国群众体育事业的发展目标指向作为我国群众体育发展评价指标体系的目标指向。

2. 我国群众体育发展评价指标体系目标模式的确立

1）过程目标模式——形成比较完善的全民健身体系。

我国群众体育事业视“形成比较完善的全民健身体系”为发展的目标指向之一，所以，我们尝试以“形成比较完善的全民健身体系”作为指标体系的过程目标模式。然而，通过对相关法律法规和文件的总结和分析，本研究发现其中有关“全民健身体系”表述方式存在很多差异。1995年6月，《全民健身计划纲要》提出“建立具有中国特色的全民健身体系的基本框架”；2000年12月，《2001—2010年体育改革与发展纲要》提出“构建起面向大众的多元的体育服务系统”；2001年8月，《〈全民健身计划纲要〉二期工程（2001—2010）年规划》提出“基本建成具有中国特色的全民健身体系和面向大众的体育服务体系”；2002年7月，《意见》提出了“大力推进全民健身计划，构建多元化体育服务体系”；2002年11月，江泽民同志在党的十六大所作的报告《全面建设小康社会，开创中国特色社会主义事业新局面》中提出“形成比较完善的现代国民教育体系、科技和文化创新体系、全民健身和医疗卫生体系”；2002年11月，《〈全民健身计划纲要〉二期工程第一阶段（2001—2005年）实施计划》中提出“初步建成面向群众体育性的多元化的体育服务体系”；2003年10月，《中共中央关于完善社会主义市场经济体制若干问题的决定》中提出“构建群众体育服务体系”；2006年7月，《“十一五”群众体育事业发展规划》提出“基本建成具有中国特色的全民健身体系”；2021年7月《全民健身计划（2021—2025年）》提出“全民健身公共服务体系”。综上所述，虽然表述的差异较大，但问题主要集中在“全民健身体系”和“多元化体育服务体系”两个概念上。学术界对此有两种观点：第一，二者就是一个事物；第二，认为“多元化体育服务体系”是对“全民健身体系”充实和创新。裴立新认为，“全面小康社会多元化体育服务体系”是一个由影响和制约全民参与体育健身活动，普遍增强国民体质诸要素构成的服务性、保障性和自适应性的整体。其实质就是把影响群众体育的多种相互作用、相互制约的事物整合成一个有机整体，使得资源配置优化、管理工作规范化、服务效益最大化，从而保障广大人民群众享有基本的体育服务。①从产生的时间来看，“多元化体育服务体系”晚于“全民健身体系”。“多元化体育服务体系”首次出现于《2001—2010年体育改革与发展纲要》，它的提出是与当时中国经济与社会的全面发展，居民的健身需求、休闲需求不断多元化，政府职能逐渐从行政管理型向公共服务型转变，经济全球化、优化工作和投资环境的需要等这样的时代背景密切相关，并成熟于《意见》。这也是我国群众体育工作融入了科学发展观的具体表现。董新光通过多年的研究，总结了过去全民健身体系存在的不足，创造性地将多元化体育服务体系纳入全民健身体系基本框架下，丰富其内容，凸显其以人民为中心，强调其服务功能，从而进一步完善了全民健身体系。董新光给“全民健身体系”下的定义非常贴切，即“全民健身体系”是一个能够使广大人民群众广泛参与体育健身活动，国民体质得到普遍增强的保障系统；就是一个能够为广大人民群众提供良好的体育健身环境和条件，满足广大人民群众基本体育健身需求的服务系统。②本研究支持第二种观点，视“形成比较完善的全民健身体系”为本指标体系的过程目标模式。

过程目标是实现结果目标所要达到的阶段目标和结构性目标。也就是说，在群众体育事业发展过程中，“形成比较完善的全民健身体系”是实现“增强人民体质，促进全民族健康素质的明显提高”的重要方式和手段。然而“形成比较完善的全民健身体系”包括什么内容呢？本研究将借鉴董新光提出的“全民健身体系的理论构架”③（见图3），该理论构架包括区域体系和内容体系。区域体系包括通过构建不同层次的全民健身体系实现对不同层次区域人群的覆盖，进而覆盖全国人民。内容体系包括：体育服务体系，它由体育场地设施系统、体育活动指导系统、体育健身组织系统、体育消费市场系统、体育信息供给系统五个系统组成；体育保障体系，由体育法制系统、体育资金系统、体育科技系统、体育管理系统四个系统组成；体育支持体系，由体育理论知识系统、体育教育人才系统、体育宣传舆论系统、体育监测评价系统组成。该理论框架充分体现了全面性、多元化、平民性、系统化、服务性、保障性。

① 裴立新．论全面建设小康社会的全民健身体系[J]．中国体育科技，2003(6)：7-10.
② 董新光．全民健身大视野[M]．北京：北京体育大学出版社，2003：101.
③ 董新光．关于健康素质、全民健身体系和群众体育发展思路的讨论[J]．体育科研，2005(4)：8-12.

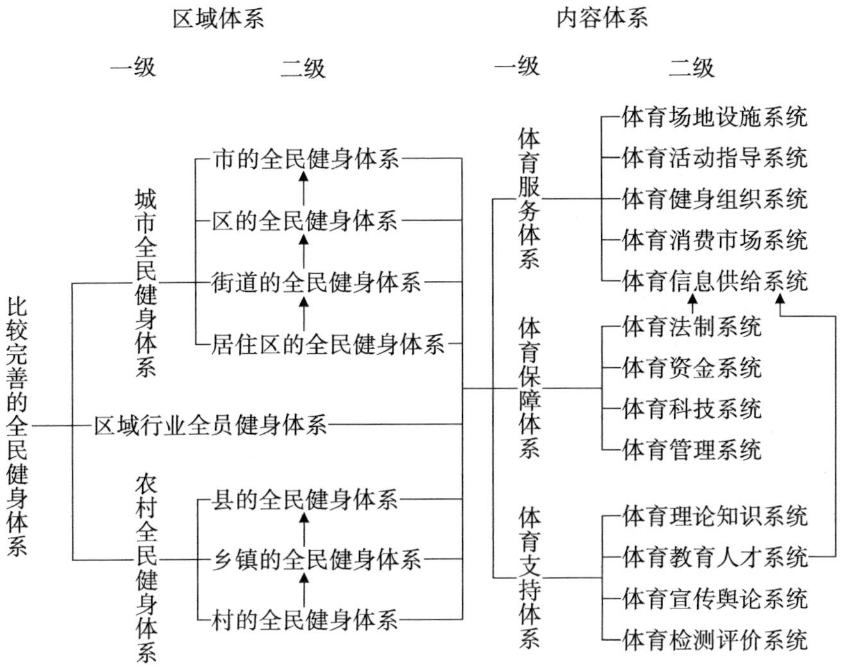

图3 全民健身体系的理论框架

2）结果目标模式——促进全民族健康素质的明显提高。

党的十六大报告指出，全民族的思想道德素质、科学文化素质和健康素质明显提高，形成比较完善的现代国民教育体系、科技和文化创新体系、全民健身和医疗卫生体系。可见党已将全民族的健康素质问题放在一个十分重要的地位，同时也将发展全民族的健康素质作为发展群众体育的主要目的和任务，而国家大力实施全民健身计划和构建全民健身体系都是为了提高全民族健康素质。

不过，通过对一些文件进行分析，发现其中对健康素质、身体素质、体质概念没有统一标准。如2006年《“十一五”群众体育事业发展规划》提出：广泛开展全民健身活动，普遍增强全民族的健康素质，不断满足人民日益增长的体育健身需求，基本建成有中国特色的全民健身体系。2002年，《意见》提出：开展全民健身活动，增强人民体质，是体育工作的根本任务。体育法提出：国家发展体育事业，开展群众性体育活动，提高全民族的身体素质。当然在公共行政管理和法律条款中，概念应该统一的？但要修改上述文献是不可能的。如何认识这种概念使用的不统一？董新光认为，变通的办法是，在体育领域，把“身体素质”与“体质”两个概念的内涵和外延统一起来。同时，也使身体素质与健康素质一样，都成为“素质”属下的概念与思想道德素质、科学文化素质

"接轨"，另一方面，把身体素质理解为健康素质的一种集中表现，是体育领域的健康素质。他还认为，健康素质是表现在人们身体、心理、社会等方面的本来具有或后天获得综合的品质或特征。健康素质包括躯体素质、心理素质、社会素质和综合素质。①（健康素质的构成见图4）所以，"开展群众性体育活动，提高全民族的身体素质"，既是发展全民族健康素质的重要内容，又是促进其实现的重要途径之一。因此，本研究将"促进全民族健康素质的明显提高"作为我国群众体育发展评价指标体系的结果目标。

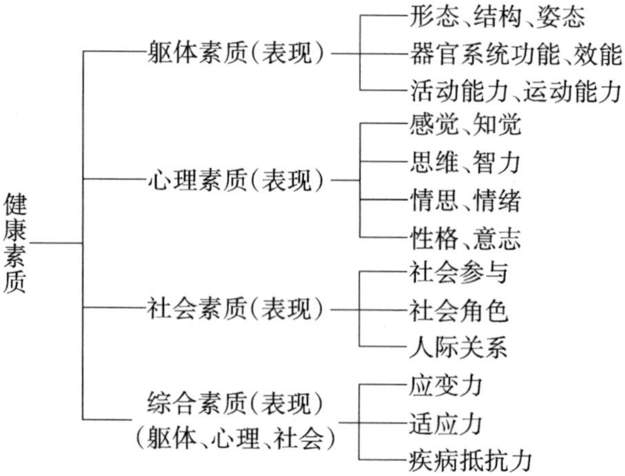

图4　健康素质的构成

第三节　我国群众体育发展评价指标体系构建相关理论

1. 发展、社会发展、科学发展观和"五大发展理念"

《现代汉语规范词典》中给"发展"下的定义是事物由小到大、由简单到复杂、由低级到高级不断演变。②《科学发展观》一书中"发展"是从哲学、经济学、社会学三方面来进行阐述。从哲学意义上讲，发展是事物状态的变化过程，是事物由简单到复杂、由量变到质变、由低级到高级的运动。从经济学意义上讲，发展是经济增长和物质财富积累的过程，也是经济结构和社会结构变迁的过程。《科学

① 董新光. 关于健康素质、全民健身体系和群众体育发展思路的讨论[J]. 体育科研，2005(4)：8-12.

② 李行健. 现代汉语规范词典[M]. 缩印本. 北京：外语教学与研究出版社，语文出版社，2005：357.

发展观》[①]一书中对于社会学意义上“发展”的解释其实也是对“社会发展”定义的阐述。然而众多学者对“社会发展”的定义还有不同的看法：经济学家认为社会发展是经济增长；社会学家认为社会发展是指社会变迁；历史唯物论者认为社会发展是由低级到高级的社会形态的演变过程。事实上，社会是一个由多种要素构成的复杂系统，其发展的含义不是单一的，而是综合的、动态的。袁方等认为，社会发展既不同于经济学家所说的经济增长，又不同于社会学家所指的社会变迁，也不完全等同于历史唯物论所讲的社会由低级到高级的社会形态的演变过程，而是指社会这一系统的协调运行过程，是社会如何更好地实现其目前或未来各种目标的过程。社会发展的目标是由一个目标系统构成，在这一目标系统中，核心目标就是为了实现人的全面发展。因为人是社会系统的核心，社会系统的存在也正是为了满足人的各种需要和利益，提供人的全面发展的各种条件。从这个意义上说，社会发展也就是人的发展过程。[②]本研究比较同意袁方先生的观点。由此可见，从不同的角度分别看待发展和社会发展，就会对它们产生不同的认识和理解，就会形成不同的发展观和社会发展观。

发展观是人们关于发展的本质、目的、内涵和要求的总体看法和根本观点。发展观有如下三个方面的含义：①对发展的认识。随着发展的深入，人们对发展的本质、规律、动力和结构等问题产生了自觉的认识，最终形成了发展的观念。②发展的实现。解决怎样发展的问题。③发展的评价。人是发展成果的创造者，也是发展成果的享乐者，因而在人们头脑中会产生对发展成果判断的价值尺度和衡量标准。这三个方面互相联系，缺一不可，构成了完整的发展观。[③]发展研究作为一个新的跨学科研究领域在欧美等国家迅速兴起，发展经济学、发展社会学、发展政治学等分支学科相继诞生，各种社会发展理论、发展模式和发展战略观也相继问世。20世纪50年代以来，围绕社会发展的重心问题先后形成了各种不同的发展战略观，主要有以经济增长为核心的传统发展战略，以满足人的基本需要为核心的发展战略，以人为核心的发展战略，等等。这些发展战略的形成与发展，同一定的社会历史背景有联系，同时也反映社会发展重心和人们社会发展观念上的重大转变。自20世纪50年代以来，社会发展观经历

① 全国干部培训教材编审指导委员会.科学发展观[M].北京：人民出版社，党建读物出版社，2006：1-3.

② 袁方.社会指标与社会发展评价[M].北京：中国劳动出版社，1995：2.

③ 全国干部培训教材编审指导委员会.科学发展观[M].北京：人民出版社，党建读物出版社，2006：4.

了一系列转变，就其实质上看，我们可以将这种转变区分为两个方面：一是从以经济增长为核心到以社会的全面发展为宗旨的转变，一是从以发展的“客体”为中心到以发展的“主体”为中心的转变。前者可以说是“发展范围”的扩大，后者可以说是“发展目标”或“发展核心”的转变。①这些具体社会发展观包括：经济增长论、强调社会变革的发展观、增长极限论、综合发展观、可持续发展观等。而从当代社会发展观的基本特征来看，主要包括：更加重视人的全面发展，更加注重协调发展，更加注重可持续发展，更加注重对外开放。2003年10月党的十六届三中全会提出：“坚持以人为本，树立全面、协调、可持续的发展观，促进经济社会和人的全面发展”；强调“按照统筹城乡发展、统筹区域发展、统筹经济社会发展、统筹人与自然和谐发展、统筹国内发展和对外开放的要求”②。

马克思认为社会是“人们交互作用的产物”，是在共同的物质生产活动的基础上相互联系的人们的总体。这种相互依存关系既包括经济关系、政治关系，也包括家庭关系以及精神和文化生活等种种关系。“社会发展”包罗了生活的一切方面，包括经济、社会、政治、科技、文化、道德、精神等各方面的发展。概括说来，社会为人的生存、享受、个性与创造性的全面发展提供机会。③可见，群众体育作为在余暇时间，职工、农民和街道居民为达到健身、健美、医疗和消遣娱乐等目的而进行的内容广泛、形式多样的体育活动，当然决定了群众体育是整个社会的重要组成内容，而群众体育发展也是社会发展的重要环节。

体育事业以满足广大人民群众的强身健体需求为根本目的，是广大人民群众生活中不可或缺的重要组成部分。大力开展体育运动是促进人的全面发展的重要途径。所以，我国发展群众体育必须把维护人民体育利益，增强人民健康素质作为一切体育工作的出发点和落脚点，强化政府对群众体育事业的社会管理和公共服务职能，按照亲民、便民、利民的原则，不断满足人们日益增长的体育需求，促进人的全面发展；坚持全面协调，统筹兼顾，积极推进全民健身事业的改革和发展，处理好城乡体育发展、区域体育发展和不同体育利益群体之间的关系，保障广大人民群众享有基本的体育服务。2015年10月29日习近平总书记在中共十八届五中全会第二次全体会议上作了题为《以新的发展理念引

---

① 吴寒光.社会发展与社会指标[M].北京：中国社会出版社，1991：10.

② 全国干部培训教材编审指导委员会.科学发展观[M].北京：人民出版社，党建读物出版社，2006：33.

③ 何建章，等.中国社会指标理论与实践[M].北京：中国统计出版社，1989：1.

领发展，夺取全面建成小康社会决胜阶段的伟大胜利》的报告中提出，理念是行动的先导。发展理念是战略性、纲领性、引领性的东西，是发展思路、发展方向、发展着力点的集中体现。创新、协调、绿色、开放、共享这五大发展理念，是我们在深刻总结国内外发展经验教训的基础上形成的，也是在深刻分析国内外发展大势的基础上形成的，集中反映了我们党对经济社会发展规律认识的深化，也是针对我国发展中的突出矛盾和问题提出来的。创新发展注重的是解决发展动力问题，协调发展注重的是解决发展不平衡问题，绿色发展注重的是解决人与自然和谐问题，开放发展注重的是解决发展内外联动问题，共享发展注重的是解决社会公平正义问题。2019 年 9 月 29 日，习近平总书记在学习《胡锦涛文选》报告会上的讲话中指出，党的十八届五中全会从新的国际国内形势出发，提出创新、协调、绿色、开放、共享的发展理念，这与科学发展观是一脉相承的，体现了我们党对发展规律的新认识。可见，五大发展理念与科学发展观一脉相承并与时俱进。因此，本研究以五大发展理念为指导，旨在能够客观地对我国各省的群众体育发展进行评价，为实现全面建成小康社会所要求的较高水平、较全面、较平衡的惠及十几亿人口的群众体育规模和水平提供一些理论参考。

2. 资源配置理论与群众体育发展

1）资源配置理论简述。

资源是人类赖以生存和发展的基础。资源经济学理论的鼻祖阿兰·兰德尔在其所著的《资源经济学》中从经济角度对自然资源和环境政策进行了探讨，其中将资源定义为“由人发现的有用途和有价值的物力”①。这里的资源仅指自然资源，包括可再生资源和不可再生资源两大类。史忠良、肖四如在其所著的《资源经济学》中将资源定义为“自然界及人类社会中一切为人类所用的资财”②。这里的资源包含自然资源和经济资源。这种基于生态学和经济学意义上的资源观是传统意义上的资源观。随着人类社会的发展，资源的概念不断被拓展和泛化，各种社会要素逐渐被纳入到资源的内涵中，从而形成了既相互独立又相互联系的六大资源子系统，即自然资源、经济资源、文化资源、人力资源、政治资源和制度资源。后五种资源是人类社会的劳动成果，又统称为社会性资源。

---

① 阿兰·兰德尔.资源经济学——从经济角度对自然资源和环境政策的探讨[M].施以正，译.北京：商务印书馆，1989：12.

② 史忠良，肖四如.资源经济学[M].北京：北京出版社，1993：13.

在人类经济活动中，各种各样的资源相互联系，相互制约，形成一个结构复杂的资源系统，每一种资源内部又都有自己的资源子系统。各种资源具有一定潜能，不同资源的相互结合是发挥资源潜能，转化为社会物质财富的基础，也是实现由潜在生产力向现实生产力转变，体现其价值和使用价值的前提。因此，人类在认识、开发和利用资源的过程中，必须寻求和实现不同资源的结合点，有效培育、开发、配置及利用各种资源，创造财富。①人们经常谈论的资源通常是指与经济效益有关的资源，即经济资源。经济资源是指在人类的经济活动中，一切直接或间接地为人类所需要的并构成生产要素的、稀缺的、具有一定开发利用选择性的资源。因此作为生产要素的需求性、稀缺性、使用用途的可选择性，是经济资源区别于其他类型资源的最显著特征。由于社会经济资源是稀缺的，投入到某种产品生产的资源的增加，会导致投入到其他产品生产的该种资源的减少。为此，就需要依据不同的目标对资源进行合理配置。

资源配置是经济学研究的核心问题，是研究经济组织如何对稀缺资源在多种经济用途之间进行合理分配和使用的学问，以解决“生产什么，如何生产，为谁生产”这些古老而永恒的问题。可以认为，资源配置是指“在一定社会经济条件下，按照一定比例将各种资源实行组合和再组合，生产和提供各种产品和劳务以满足各种社会需要的经济活动”。或者“资源配置是根据组织目标和产出物内在结构要求，在量、质等方面进行不同的配比，并使之在产出过程中始终保持相应的比例从而使产出物成功产出”②。资源配置问题源于资源的稀缺性，研究该问题是为了解决资源稀缺性与需求无限性之间的矛盾。群众体育资源属于资源体系中的组成部分，其中也涉及资源的稀缺问题，因而也存在资源配置的问题。

资源合理配置有两种体现形式：第一种是使有限的资源产生最大的效益，即要求反映一定限量的资源条件下，通过资源的合理安排、组合，以追求产出的最大效益，这种情况下，资源的限量是约束条件，效益最大化是目标函数；第二种是为取得预定的效益尽可能少消耗资源，此时，效益达到值是约束条件，资源成本最小是目标函数。显然资源配置目的是提高资源的利用效益，即如何合理地把各种资源分配到不同的经济领域、不同的用途上去，使用较少的资源创造出更多的社会财富。一个社会的经济要发展，社会财富要迅速增长，关键在于该社会中稀缺的经济资源能不能得到最有价值的运用。

---

① 肖林鹏.社会体育管理[M].北京:北京体育大学出版社,2005:18.

② 武恩钧.天津市高校竞技体育绩效评价与资源配置研究[D].天津:天津大学,2006:82-83.

2）“投入—产出”理论与群众体育发展。

“投入—产出”分析是美国著名经济学家瓦西里·里昂惕夫在20世纪30年代所提出的一类同时研究“投入”和“产出”的经济数量分析方法。所谓“投入”，指的是社会生产过程中对各种生产要素的消耗和使用；所谓“产出”，指的是社会生产的成果被分配使用的去向。它以棋盘式平衡表的方式反映、研究一个经济系统各个部门之间表现为投入与产出的相互依存关系，运用线性数学知识建立数学模型，通过各种系数矩阵来描述部门之间的各种联系，帮助人们认识问题、发现问题，从而找出规律。在社会研究中，如果将“社会”视为一个整体，社会的运行过程则可以看作吸取投入因素而产出产品的活动过程。任何一种社会活动也都可以视为一种“投入—产出”过程。就整个社会来看，“投入”可以看作实现各种社会目标所需的资源投入量。例如，为提高教育水平而进行的教育投资及人员投入，为提高健康水平而进行的医疗卫生投资及人员投入，等等。投入因素可以是货币、实物等。反映社会活动资源投入量的指标通常称为“投入指标”。同样，社会的产出则是社会活动过程的结果，它可以是有形的，也可以是无形的，这些产出则是用于满足各种社会目标。社会目标的实现程度取决于社会产出的数量和质量。这种反映社会活动结果或社会目标实现程度的指标称为“产出指标”①。

由于群众体育是以“人”全面发展为中心的社会发展的一部分，是社会成员参与程度很高的一种积极健康的社会文化活动，是一种渗透进社会每个细胞的体育形式，所以，群众体育不仅是整个社会的重要组成内容，而且群众体育发展也是社会发展的重要环节。根据上述建立的我国群众体育发展评价指标体系的过程目标和结果目标模式，本研究形成了“投入—产出”理论为指导来分析我国群众体育的发展的设想，同这也为本研究中我国群众体育发展评价指标体系框架的建立打下了坚实的基础。

从广义而言，投入是指系统运转所需的各种资源和要素。群众体育这种大规模实践，其基本运作方式表现为一种体育服务的生产与消费相互作用、对立统一的运作过程。而体育服务的劳动生产部门拥有发展群众体育的主要资源，因此，体育服务的消费也离不开群众体育资源的投入。所谓的群众体育资源，是指为了城乡居民公平参与体育活动提供的物质保障条件，即为了改善群众体育条件和供给群众体育资源所投入的人、财、物、信息等。同时需要指出的是，

① 袁方.社会指标与社会发展评价[M].北京：中国劳动出版社，1995：36.

群众体育资源投入途径是多元化的。鲍明晓认为，群众体育是公众以多种形式广泛参与的一项健身娱乐活动。市场经济条件下的群众体育资源投入而提供的体育服务和产品包括政府提供的公共产品、非营利组织（事业单位和民间体育组织等）提供的准公共产品和各类市场主体提供的私人产品三个部分。这里的政府、非营利组织和各类市场主体，它们都属于“群众体育资源配置主体”范畴。在后面章节中我们还要对“群众体育资源配置主体”进行详细分析，它包括各级政府和群众体育行政部门、体育社团和群众体育企业。

《意见》提出：“群众体育以全民健身为目标，广泛开展体育活动，不断提高全民族的健康水平。”可见，“群众体育以全民健身为目标”，充分说明了群众体育与全民健身关系。同时，全民健身是当前群众体育工作重点和主旋律，当然这是一种广义的观点。从狭义角度来说，全民健身就特指群众体育。在国家很多文件和政策中，群众体育与竞技体育对应，而全民健身总是与奥运争光相提并论。

1995年国务院颁布的《全民健身计划纲要》，提出全民健身计划是一项在国家宏观领导下，依托社会、全民参与的为实现社会主义现代化目标相配套的社会系统工程，是动员和组织群众积极投入各种形式的体育锻炼，提高国民整体素质的跨世纪的国民体质建设发展战略规划。从这种意义上说，全民健身计划是我国从1995—2010年群众体育发展的战略性规划。[①]而《全民健身计划纲要》提出的“基本建成具有中国特色的全民健身体系”和党的十六大提出的“形成比较完善的全民健身体系”是一个作为能够不断为全体国民提供体育健身的基本环境和条件，满足全体国民体育健身的基本需求，使全体国民健康素质得到明显提高的服务和保障系统。由于群众体育以全民健身为目标，这就决定了发展群众体育的资源投入与“形成比较完善的全民健身体系”的资源投入在内容上基本是一致的，都包括体育指导员、体育场地设施、体育经费、体育活动、群众体育组织等有形资源，也包括各种体育信息、体育科研、管理制度、政策法规乃至社会舆论等无形资源。同时《意见》明确指出，“构建群众性体育服务体系，要坚持政府支持与社会兴办相结合。政府重点支持公益性体育设施建设，群众性体育组织和体育活动以社会兴办为主，鼓励、支持企事业单位和个人兴办面向大众的体育服务经营实体，积极引导群众的体育消费，大力培育体育市场，加强规范管理，逐步形成有利于体育产业发展的社会氛围。”可见，“形成

① 卢元镇.社会体育学[M].北京：高等教育出版社，2002:78.

比较完善的全民健身体系”的资源投入途径与发展群众体育的资源投入途径一样都是多元化的。综上所述，本研究认为，群众体育系统能否正常运转就需要各种资源合理配置和可持续的投入，而这种资源的投入势必形成比较完善的全民健身体系。

有投入，必然有产出。所谓产出，就是群众体育资源投入所带来的结果，同时也是体育服务消费后的结果。党的十六大提出了全面建设小康社会的奋斗目标中，健康素质第一次与思想道德素质和科学文化素质一起，构成全民族的三大素质。党的十七大提出“提高全民健康水平”的要求；党的十八大提出“提高人民健康水平”；党的十九大提出“实施健康中国战略，并将人民健康视为民族昌盛和国家富强的重要标志”。可见党已将全民族的健康素质问题放在一个十分重要的地位，同时也将发展全民族的健康素质作为发展群众体育的主要目的和任务，而国家大力实施全民健身计划和构建全民健身体系都是为了提高全民族健康素质。同时，根据我国群众体育发展评价指标体系结果目标模式，本研究将以“促进全民族健康素质的明显提高”为标准，确定群众体育发展的产出，其产出内容包括体育参与、国民体质发展水平等。

本研究发现在群众体育投入系统和产出系统形成了这样一种关系，如图5所示，即：①群众体育资源配置主体为群众体育发展将其所拥有的资源进行投入，生产了一系列的体育服务和产品。这一过程中，群众体育资源配置主体、群众体育资源、群众体育服务与产品的生产、群众体育服务与产品等四方面的参与形成了一个系统，我们称之为“群众体育投入系统”。并且在该过程实施中，促成了我国比较完善的全民健身体系的形成，从而也逐渐促进了指标体系所强调的过程目标的实现。②人民群众通过对体育服务和产品的消费，他们健康素质将会得到明显提高，这也是群众体育资源投入所带来的产出效果。当然这也是人民群众通过全民健身体系所享受到的“裨益”，而这种“裨益”最终促成了指标体系的结果目标的实现——促进全民族健康素质的明显提高。我们将这由群众体育服务与产品、群众体育服务与产品消费、群众体育资源产出等三个方面所形成的系统称为“群众体育产出系统”。③群众体育投入系统与产出系统的结构和功能特点，特别是它们的结构和功能完备程度决定了群众体育配置主体的资源配置行为能力状况，也体现了群众体育资源配置主体实施发展群众体育的能力。西方发达国家的群众体育之所以得到快速发展，无不因为资源配置主体拥有了一个高效的群众体育资源配置行为能力。同时，投入系统、产出系统将与群众体育的社会环境系统一起构成群众体育发展整体能力重要观测指标，在后面的章节中我们将进行详细介绍。

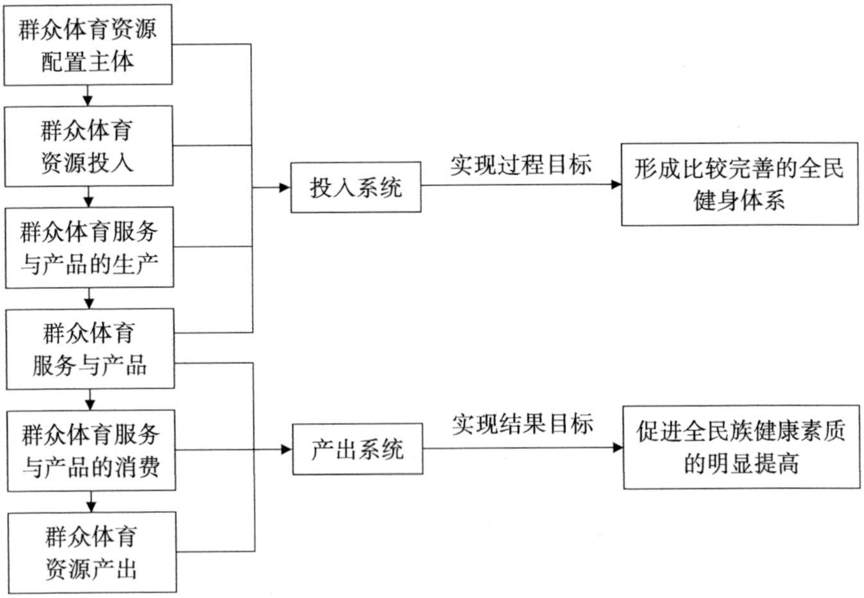

图5　群众体育投入系统和产出系统的关系

3. 自组织理论与群众体育发展

自组织指系统形成的各种结构并不是外界环境直接强加给系统的，而是外界以非特定的方式作用于系统。在系统实现空间的、时间的或功能的结构过程中，如果没有外界的特定干扰，仅是依靠系统内部的相互作用来达到的，这种系统可成为自组织。这里“特定干扰”是指外界施加作用、影响的形式、特点与系统所形成的结构和功能之间存在直接的联系。[①]普利高津1969年在对热力学第二定律的研究基础之上提出了耗散结构理论。开放性原理是耗散结构理论的重要内容，即一个与环境没有任何交换的封闭系统不可能出现自组织行为，只有该系统与外界有了进行物质、能量、信息交换的机制，才能产生自组织过程，普利高津是以总熵变公式（熵是系统无序程度的度量，换言之是系统无组织程度的度量）来表示这种行为的，即“$dS = d_iS + d_eS$”。“d_iS是系统内部混乱性产生的熵，称为熵产生，热力学原理则保证熵（产生）为非负量，即“$d_iS \geqslant 0$”；“d_eS”是系统通过与环境相互作用而交换来的熵，称为交换（或熵流），可为

① 许国志.系统科学[M].上海:上海科技教育出版社,2000:176.

正、可为负，并有四种可能情形：①“$d_eS=0$”时，系统是封闭的，与外界没有交换；总熵变“$dS>0$”，导致系统混乱程度不断增加，不可能出现自组织行为，只可能导致原组织退化，系统遭破坏。②“$d_eS>0$”时，系统与外界交换得到的是正熵，致使总熵变“$dS>0$”，系统要以比封闭状态下更快的速度增加混乱程度，也不会发生自组织行为。③“$d_eS<0$”，而“$|d_eS|<d_iS$”时，这时系统通过对外开放（从环境或它系统）中取得负熵，可是它从环境得到的负熵不足以克服内部的熵增加，总熵变“$dS=d_iS+d_eS\geqslant 0$”，系统也不会发生自组织过程。④“$d_eS<0$”，而“$|d_eS|>d_iS$”时，从环境中得到的负熵大于内部的熵增加，总熵变“$dS<0$”，系统出现减熵过程，即自组织过程产生。[①]耗散结构理论探讨的是：一个系统在何种条件下才能够从无序走向有序，并出现一种新的、稳定的、内部充满活力的结构。耗散结构理论揭示，当一个系统处于开放状态，在该系统从平衡态到近平衡态、再到远离平衡态的演化过程中，达到远离平衡态的非线性区时，一旦系统的某个参量的变化达到一定的阈值，通过涨落，该系统就可能发生突变，即非平衡相变，由原来的无序混乱状态转变为一种时间、空间或功能有序的新状态。这种在远离平衡区形成的、新的、稳定的、宏观有序的结构，需要不断与外界交换物质、能量和信息，并保持一定的稳定性，且不因外界微小扰动而消失，此即为耗散结构。系统这种能够自行产生的组织性和相干性，被称为自组织现象。因此，耗散结构理论又被称为非平衡系统的自组织理论。

从自组织理论来看，群众体育作为一个系统，它是一个自组织。增熵定律表明，由于熵的存在，任何系统内部都存在着混乱度不断增加的趋势。特别在封闭环境中，当熵接近最大值，系统面临崩溃，所以，群众体育系统必须与外界环境进行物质、信息、能量的交流，当这些熵流呈现“负熵”时，群众体育系统会逐渐达到非平衡、自稳定、有序的自组织状态。因此，本研究在建立我国群众体育发展评价指标体系框架构时，除了要关注群众体育内在系统，还要将群众体育发展的外在环境纳入该评价指标体系中来。

4.群众体育发展、群众体育发展评价的定义

概念是理性思维的基本形式之一，是客观事物的本质属性在人们头脑中的概括反映。人们在感性认识的基础上，从同类事物的许多属性中，概括出其所

① 沈禄赓.系统科学概要[M].北京：北京广播学院出版社，2000：88.

特有的属性，形成用词或词组表达的概念。[①]定义指对于一种事物的本质特征或一个概念的内涵和外延所作的确切表述。[②]所以，在研究构建我国群众体育发展评价指标体系之前，有必要对“群众体育发展”和“群众体育发展评价”两个概念进行定义。在对“中国群众体育发展的本质”的认识中，董新光认为：群众体育是以“人”全面发展为中心的社会发展的一部分，其本质和目的是提高人们的体质与健康水平，从而提高人们的生活质量，促进人的全面发展。本研究将借鉴这种观点，同时通过对群众体育定义、结构和功能的分析，基于资源配置理论和自组织理论，依据我国群众体育发展评价指标体系的目标模式，对“群众体育发展”的概念进行定义。“群众体育发展”是指群众体育这一系统的社会环境系统、投入系统、产出系统的协调运行过程，是以人民为中心，不断满足人们的体育需求为目的，以促进全民族健康素质的明显提高和形成比较完善的全民健身体系为目标的可持续的综合进步过程。社会环境系统包括有关群众体育发展的政治、经济、文化、社会等诸多方面。董新光认为，群众体育系统的外环境主要包括我国体育和我国社会（政治、经济、文化三个方面）；袁旦认为，“自然—社会”构成了群众体育系统的外环境；任海认为，影响群众体育发展的因素是社会背景（政治、经济、文化）、人口状况、生活质量、体育政策等。并且，在群众体育系统的外界环境系统中，自然环境系统的作用变化是一个漫长、稳定的过程，因此本研究将自然环境系统忽略，并将外界环境系统命其名为“社会环境系统”，投入系统包括投入群众体育发展的人力、财力、物力、信息、制度、文化和市场等诸多方面；产出系统包括居民体育参与情况、国民体质发展水平等方面。为此，我们基于资源配置和自组织理论，借鉴群众体育结构特点，提出了包括社会环境系统、投入系统、产出系统三个子系统的群众体育系统，如图6所示。

① 吴忠魁.私立学校比较研究——与国家关系角度的分析[M].北京:北京师范大学出版社,1999:18.

② 李行健.现代汉语规范词典[M].缩印本.北京:外语教学与研究出版社,语文出版社,2005:315.

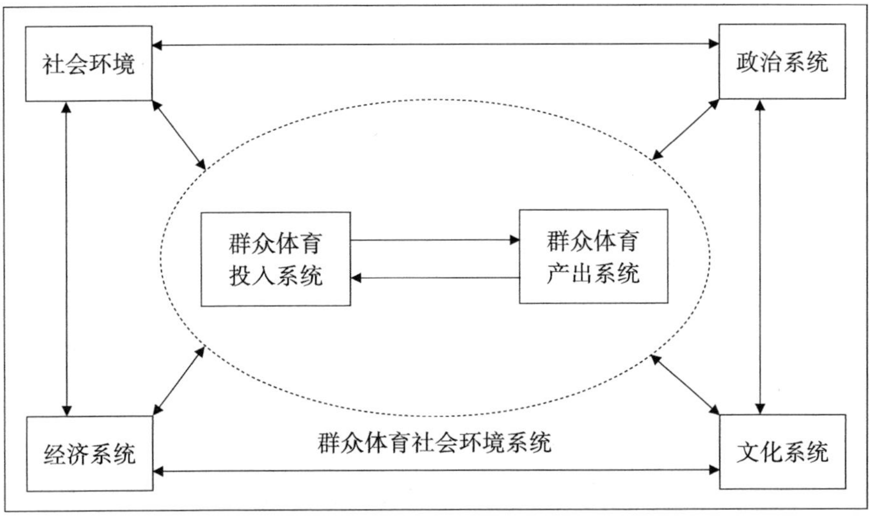

图6 基于资源配置和自组织理论的群众体育系统

由此，我们可以得出群众体育发展的几个特征：①目的性，即群众体育发展是为实现促进全民族健康素质的明显提高和形成比较完善的全民健身体系为目标的运动过程。②方向性，即群众体育发展是一种不可逆的方向性变迁，这种变迁必须同人的全面发展相一致。③多元性，即群众体育发展是以人民为中心而组成的一个目标系统的实现过程，它包括人自身健康素质的提高和实现人们健康素质提高而提供的各种社会条件的发展。④协调性，即群众体育发展是各目标协调运行的过程，群众体育发展的各目标应协调一致，而不应片面追求某一方面。⑤阶段性，即群众体育发展是一个循序渐进的过程，因而在社会的不同历史时期应有不同的发展目标或发展重点。⑥特定性，即群众体育发展为一个国家所特有，它只是与特定时间、地点条件下制定的特定目标有关。

依据本研究“群众体育发展”的定义，对于群众体育发展的评价其实就是对群众体育系统发展状态的评价。因此，我们认为“群众体育发展评价”指运用体育学、社会学、统计学、运筹学、经济学、高等数学、系统科学等多学科的理论和方法，以科学发展观为指导，坚持以人民为中心，对一定时期内的我国各省群众体育的社会环境系统、投入系统、产出系统三方面各项指标进行定量和定性相结合的分析，从而客观、公正、宏观地对各省的群众体育的基本情况和发展态势进行评价，为各级政府和群众体育行政部门提供评价结果和诊断方案，达到促进我国群众体育全面、协调、可持续发展的目的。

第四节 我国群众体育发展评价指标体系构建原则与指标筛选

1.我国群众体育发展评价指标体系构建原则

由于群众体育发展系统结构复杂、层次多变，子系统之间既有相互作用，又有相互间的输入和输出，某些层次、某些元素及某些子系统的改变可能导致整个指标体系由优到劣或由劣到优的变化，因此，要在众多的指标中筛选出那些最灵敏的，便于度量且内涵丰富的核心指标作为评价指标，确实不是一件容易的事。所以，在筛选指标过程中，还必须遵循以下原则：

1）系统性原则。群众体育发展是由社会环境系统、投入系统、产出系统三个子系统综合集成的，每个子系统必须采用一些相应指标才能反映出来，这就要求所构建的评价指标体系具有足够的涵盖面，能够反映我国群众体育发展的内涵和特征。同时，评价指标体系并不是评价指标的简单堆积，为了清晰且便于评价，应该按照某些原则合理地将评价指标分为目标层、准则层和指标层等若干层次。

2）可操作性原则。评价指标体系的设计应该坚持可操作性原则，主要包括两方面的内容：一是数据资料的可获得性；二是数据资料可量化，定量指标数据要保持其真实、可靠和有效，定性指标和经验指标应尽量少用。

3）精炼性原则。反映某个特征的指标可能有多个，但是在指标选择过程中并非越多越好，而应该尽量选择有代表性的核心指标，使指标体系完备、简洁。

4）较好的相关性。指标的变化具有较好的相关性，避免指标评价结果相互抵消。

5）可比性原则。必须明确评价指标体系中每个指标的涵义、统计口径、时间、地点和适用范围，以确保评价结构能够进行横向和纵向比较，便于更好地了解和把握各省群众体育发展状况和变化趋势。

6）动态性原则。群众体育发展总是不断变化的，因而指标的选取也要随着群众体育发展而不断发生改变，以较好地描述、刻画与量度群众体育发展。

2.指标筛选的方法

在筛选指标时，一方面要综合考虑评价指标的系统性、可操作性等六项原则，另一方面由于这六项原则各具特殊性及目前研究认识的差异，对各项原则的衡量精度、研究方法不可强求一致，可以通过以下几种方法进行指标筛选：

1）系统分析法。它是一种常用的凭经验挑选指标的方法，这种方法是从整体出发，将与评价结果有关的诸指标按系统（或属性、类别）划分，在对各系统的指标进行分析的基础上通过座谈的方法或填写调查表的方法获得对各指标的专家评分，确定其主次，再从各系统内挑选主要的指标作为评价指标。

2）专家讨论法。它是在建立指标库的基础上，以召开座谈会的形式，组织专家拟定指标体系的框架及被选指标。一般来讲，专家人数10—12人为宜，以便到会专家能充分发表自己的意见和见解。

3）"Delphi"法。通过2—4轮函询征求专家们的意见，并将每一轮的意见进行汇总整理，作为参考资料再寄发给每位专家，供专家们分析判断，提出新的意见，如此多次反复，意见逐步趋于一致，从而得到一个比较一致的、较为可靠的结论。

4）数理统计法。它是将现场采集到的指标信息从不同的角度进行数理统计处理，筛选出合理的指标。常用的数理统计方法有离散趋势法、相关系数法、聚类分析法、主成分分析法、因子分析法和多元统计逐步回归法等。

在实际工作中，往往综合使用多种方法进行指标筛选，在获得较为满意的专业解释的基础上，优先考虑那些被多种方法同时选入的指标。而在本研究中，我们主要采用系统分析法和"Delphi"法进行指标筛选。

3.权重的确定

指标的权重是体现在综合评价时，对该指标重视的程度。从权重的属性来看主要有两个方面：就指标含信息的多少来考虑，指标所含信息多，权数就大，所含信息少，权数就小；从指标的区分对象能力来考虑。所谓综合评价，就是将评价对象给以区别，并排出先后的次序，所以一个指标从区别这些对象的性质来看，能力强的就应重视，能力弱的就不应重视。当然从不同的角度考虑，还有其他方法，这里就不再赘述。

对实际问题选定被综合的指标后，确定各指标的权的值，常有以下几种方法，这些方法都是利用专家或个人的知识、经验，所以有时称为主观赋权法。但这些专家的判断本身也是从长期实践中不断总结来的，不是随意设想的，应该说有客观的基础。主要有：①经验定权法；②德尔斐法；③定性排序；④定量转化；⑤对比排序定权；⑥灰色定权；⑦模糊定权法；⑧“AHP”法。目前用得较多的是“AHP”法。另一些方法是从指标的统计的性质来考虑，它是由调查所得的数据决定，不需征求专家们的意见，所以称为客观赋权方法。主要方法有秩和比法、赋权法、主成分分析法等。本研究充分考虑了群众体育发展指标体系框架构建的特点以及以上各种定权方法的特性和使用范围，并权衡利弊，最终采用“AHP”法。

第三章　构建我国群众体育发展评价指标体系

第一节　群众体育资源配置理论

1.群众体育资源配置理论与“群众体育发展评价”的关系

依据“群众体育发展”的定义，群众体育发展评价实际上是对群众体育系统发展状态的评价，所以如何评价群众体育系统发展状态成为本研究最为关键的核心问题。群众体育资源配置理论是有关群众体育资源配置系统的要素、结构、运行机制以及与外界环境关系等方面的一系列特征、规律和原理。同时，该理论也是群众体育系统理论的重要组成部分，它是基于资源配置理论视角对群众体育系统的深层次剖析和认识。在上一章，我们简单地阐述了资源配置理论与群众体育发展的关系，它为“群众体育发展”定义的提出奠定了基础。然而，“群众体育发展”定义所提供的信息有时无法回答群众体育发展评价或群众体育系统发展状态评价中的诸多问题，如：①缺少群众体育资源要素内涵、分类、特征以及结构关系的分析，使得投入系统中资源内容和划分归类缺少理论依据；②缺少对群众体育资源配置主体及其运行机制的分析，使得在提出提高资源配置行为效率的对策过程中缺乏理论依据；③缺少对群众体育发展评价或群众体育系统发展状态评价的理论切入点分析。因此，本研究需要对群众体育资源配置理论进行研究和分析，在群众体育理论和资源配置理论的融合过程中进行由浅入深的探索，归纳和总结有关群众体育资源配置系统的要素、结构、运行机制以及与外界环境关系等方面的系统特征、规律和原理，以解决上述群众体育发展评价中需要解决的三个问题。

2.群众体育资源要素的内涵

群众体育资源是一个复杂的系统，是资源体系的重要组成部分。一般认为，只要是群众体育发展所需要的各种要素及投入均视为群众体育资源。由于人们对事物的认识角度不同，群众体育资源的种类表现出多种形式，主要有：有形群众体育资源（人力、物力、财力等）和无形群众体育资源（体育信息、科研、管理制度、政策法规乃至社会舆论等），已经被人们所认识到的显性群众体育资源和即将被人们所认识的潜在群众体育资源，物质性群众体育资源和观念性群众体育资源，可以直接运用来发展群众体育的直接群众体育资源和可通过一定条件转化并为群众体育提供支持的间接群众体育资源。群众体育资源是一个复杂的系统组成，不同类型、不同层次的群众体育资源之间相互影响、相互作用，并对群众体育的整体及局部运行发展发挥着重要的作用。

我们将“群众体育资源”定义为能直接或间接推动群众体育发展进而促进全民族健康素质的明显提高和形成比较完善的全民健身体系目标的一切资源要素集合。本研究认为，群众体育资源是一种资源要素的集合，具有系统性特征。它包括群众体育人力资源要素、群众体育财力资源要素、群众体育物力资源要素、群众体育信息资源要素、群众体育制度资源要素、群众体育市场资源要素和群众体育文化资源要素等七个方面（虽然学术界将市场、制度和文化等资源要素均视为制度资源要素范畴，但是上述各资源要素的配置主体不同，本研究需要将其加以细分分析。这里的制度仅指正式的制度）。群众体育人力资源要素是指对群众体育的发展起到直接推动作用的人员的现实及禀赋的总和。群众体育财力资源要素是指群众体育事业所需的经费，经费来源包括国家财政拨款、社会赞助、社会集资、群众体育产业开发和人民群众的体育消费等。群众体育物力资源要素是指以物质形态为主要表现形式的各类群众体育物质资源，主要包括公共体育场地及设施、社区体育场地及设施等。群众体育信息资源要素包括各种有关群众体育的期刊、图书、文献资料和数据库等。群众体育市场资源要素主要包括群众体育人才市场、群众体育物质市场和群众体育金融市场等。群众体育制度资源要素是各级政府及群众体育行政部门为了推动群众体育的发展，对基础性核心群众体育资源要素进行配置的方式，包括国家颁布的各种政策法规和措施、群众体育组织的各种规章制度等。群众体育文化资源要素是指群众体育人力资源要素在推动群众体育发展过程中逐渐累积形成的价值观、思维方式和行为习惯等。

然而，目前国内学术界对群众体育资源的研究缺乏从其内在特性进行深层次的把握，从而不能对群众体育资源有一个系统、深刻的认识。本研究认为，群众体育资源应作为一个整体而存在，其对群众体育发展的支撑作用的实现有赖于上述各类资源相互间的协调、配合、共同作用，而其中任何一类资源的不足或缺失都难能促使群众体育资源的整体功能得到有效实现。因此，上述各类资源是作为群众体育资源的组成部分存在并发挥作用，具有要素的特征；而群众体育资源则是作为上述各类资源的集合而存在，具有系统的特征。

3.群众体育资源配置系统的提出

冯·贝塔朗菲认为，系统是“相互作用的多元素的复合体”。其中，系统中存在很多且彼此无法忽略差异又不能以单一模式进行整合时，就需要分别按照各自的模式进行整合，就会产出若干子系统，从而这些子系统整合为一个系统。从群众体育资源要素的内容特征及其相互作用关系来看，群众体育资源要素系统可分为基础性核心群众体育资源要素子系统和整体功能性群众体育资源要素子系统。这两个子系统存在这样的关系，即基础性核心群众体育资源要素子系统是整体功能性群众体育资源要素子系统的基础和前提，起支撑作用；而整体功能性群众体育资源要素子系统对基础性核心群众体育资源要素子系统起配置和完善的功能。在这两个子系统相互影响、相互作用下，群众体育资源要素系统形成了。

1）基础性核心群众体育资源要素子系统。

基础性核心群众体育资源要素是由群众体育人力、财力、物力和信息等四类资源要素构成，它们对群众体育发展起到知识支撑和物质支撑的作用。其中群众体育人力资源要素是“第一要素”，因为其具有能动性、智慧性。而群众体育财力、物力和信息等资源要素是群众体育人力资源要素发挥作用的支撑要素，其资源数量与质量直接关系到群众体育人力资源要素能动性的发挥程度。基础性核心群众体育资源要素子系统结构见图1。

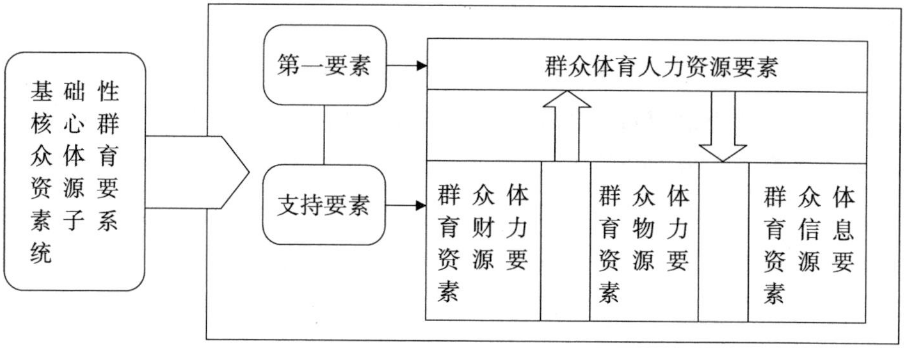

图1 基础性核心群众体育资源要素子系统结构

2）整体功能性群众体育资源要素子系统。

整体功能性群众体育资源要素包括群众体育市场、制度和文化等三类资源要素。同时整体功能性群众体育资源要素分为两个类型：诱致性群众体育资源要素和强制性群众体育资源要素。前者包括群众体育市场资源要素和群众体育文化资源要素，因其具有“自发组织”之意。而后者指群众体育制度资源要素，因其具有国家强制性的人为安排的特点。整体功能性群众体育资源要素子系统结构见图2。

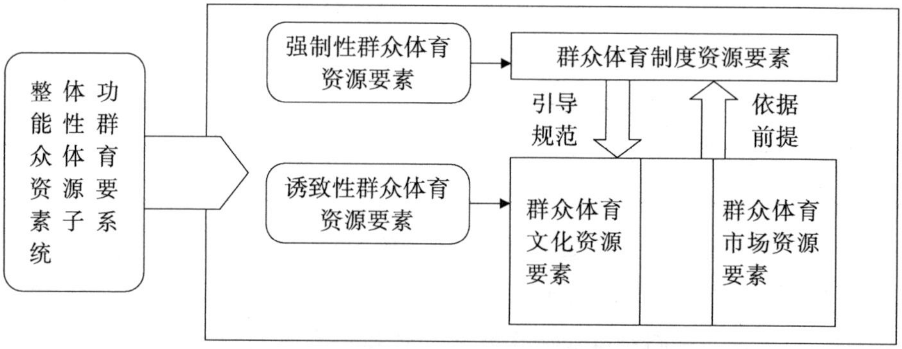

图2 整体功能性群众体育资源要素子系统结构

在基础性核心群众体育资源要素相互作用的过程中，群众体育市场资源要素具有自发性、实施费用低和配置效率高的资源配置特点。然而，基础性核心群众体育资源要素大多具有公共性质，会使群众体育市场资源要素和群众体育文化资源要素的配置功能存在无效率区域，因此需要政府通过有效实施制度供给进行干预，弥补减少制度供给不足带来的弊端，以产生秩序、减少不确定性的作用。同时，制度的供给可以规范和引导群众体育市场、文化资源要素，提高资源配置效率，使其向着国家群众体育福利最大化方向发展。另一方面，由于群众体育市场、文化资源要素在一定程度上影响政府政策、规则的制订和执行的效力，所以在群众体育制度资源要素的供给上也要以二者状况作为依据和前提。

3）群众体育资源要素系统。

在基础性核心群众体育资源要素子系统和整体功能性群众体育资源要素子系统形成的关系中，整体功能性群众体育资源要素子系统对基础性核心群众体育资源要素子系统起配置和完善的功能。从自组织角度来说，基础性核心群众体育资源要素子系统内部相互作用不停地输出熵，一般会使整个系统朝着熵值增大的方向发展。由于有整体功能性群众体育资源要素子系统的调整与控制，有利于整个系统朝着熵值减小的方向发展，从而促使基础性核心群众体育资源要素子系统乃至整个群众体育资源要素系统向着协调、有序的方向发展，有利于基础性核心群众体育资源配置效率的提高，进而促进系统整体效率的提高和资源的优化配置。另一方面，基础性核心群众体育资源要素子系统对整体功能性群众体育资源要素子系统起到基础支撑作用，它是整体功能性群众体育资源要素子系统的组织和支配的对象。在基础性核心群众体育资源要素子系统和整体功能性群众体育资源要素子系统相互作用下，实现了群众体育资源由要素质到整体质的提升，从而形成了群众体育资源要素系统。群众体育资源要素系统结构见图3。

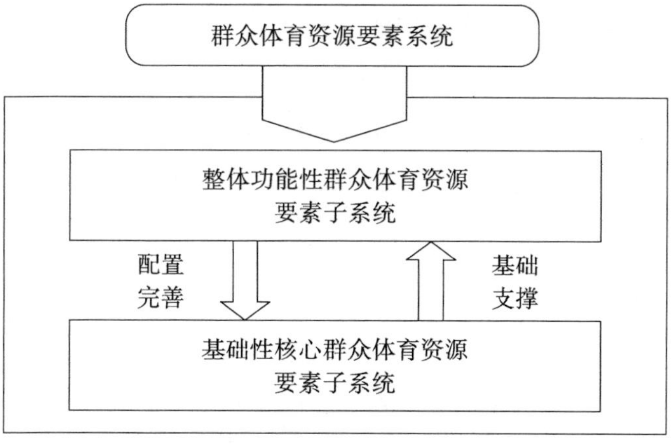

图3 群众体育资源要素系统结构

4）群众体育资源配置系统的形成。

在基础性核心群众体育资源要素子系统和整体功能性群众体育资源要素子系统相互影响、相互作用下，整个群众体育资源要素系统向着协调、有序的方向发展。同时整体功能性群众体育资源要素子系统的配置能力得到增强，群众体育资源要素系统内部熵值不断减小，系统的稳定性不断增强，实体中间性群众体育资源要素逐渐从基础性核心群众体育资源要素中分离出来，并成为其配置主体，最终促成了更高的等级层次——群众体育资源配置系统的形成。群众体育资源配置系统的结构包括三个部分：群众体育资源配置主体、群众体育资源配置客体、群众体育资源。

群众体育资源配置主体包括：各级政府和群众体育行政部门、体育社团和群众体育企业。群众体育资源配置主体亦是推动群众体育发展的主体。它们既在群众体育配置系统中分配着群众体育资源要素，又从事着群众体育服务和产品的生产与制造活动。同时，三大配置主体的协同作用有助于提高资源配置效率，从而促进并实现全民族健康素质的明显提高和形成比较完善的全民健身体系的群众体育发展目标。

群众体育资源配置客体是群众体育资源配置主体作用的对象，它包括群众体育人力、财力、物力、信息资源要素等。其中群众体育人力资源要素在基础性核心资源要素中处于中心地位，因为它是最具创造性、能动性的群众体育资源要素。

在群众体育资源配置系统形成的过程中，整体功能性群众体育资源要素配置能力不断加强，其配置机制逐渐完善，形成了三大配置力量——市场、制度和文化。群众体育资源配置主体分别使用制度、文化和市场这三种配置力，促成了群众体育资源配置机制的形成，实现了对基础性核心群众体育资源要素的配置。群众体育资源配置系统见图4。

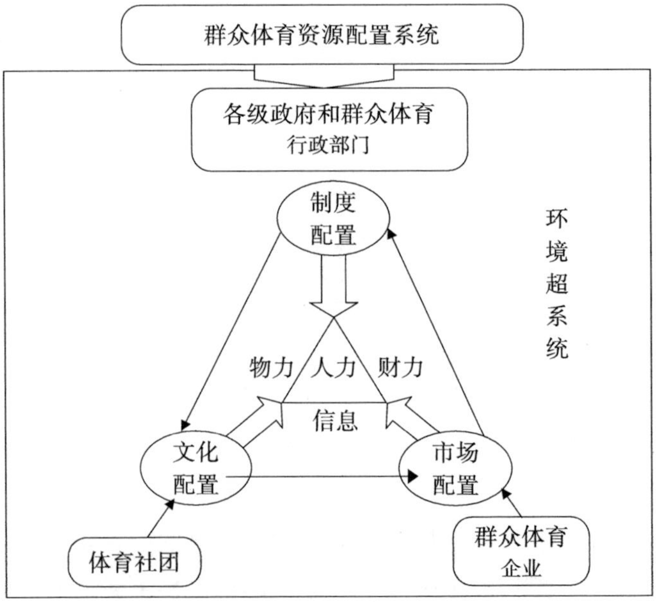

图4　群众体育资源配置系统

4.群众体育资源配置系统的配置行为及配置效益分析

群众体育发展评价实际上是对群众体育系统发展状态的评价。系统状态是指系统存续运行中表现出来的状况或态势。任何系统都有行为，系统行为总要通过系统状态的取得、保持和改变体现出来。因此，要对系统状态进行评价离不开对系统行为的评价。所以，群众体育系统状态需要系统行为来体现，从而群众体育资源配置系统状态的评价可以通过资源配置行为来衡量。

本研究认为，对于群众体育资源配置系统的配置行为的研究，要从静态和动态两个方面展开分析。首先，静态群众体育资源配置行为具有表现全局配置效果的特征，它是一种配置能力的体现，表现为一种量的积累，强调绝对量的提升。因此，对于静态群众体育资源配置行为的评价可以称其为“能力评价”。对于本研究来说，由于群众体育投入系统与产出系统的结构和功能特点，特别是它们的结构和功能完备程度决定了群众体育配置主体的资源配置行为能力状况，也体现了群众体育资源配置主体实施发展群众体育的能力。所以，投入系统、产出系统的绝对量成为评价静态群众体育资源配置行为能力的重要观测指标。其次，动态群众体育资源配置行为具有表现配置效率的特征，它更多的是资源投入产出之比，强调的是相对量的提高。因此，配置主体对基础性核心群众体育资源的配置行为不能只限制在群众体育发展的基础和起点，而是更多地存在于群众体育发展的投入到产出的全过程，加强对其间每一个环节配置行为效果的重视。因此，对于动态群众体育资源配置行为的评价可以称其为“效率评价”。

一般来说，如果将群众体育资源配置行为集中于静态特征，更多关注于群众体育发展的基础和起点，那么群众体育资源投入只能短期地促进能力提升，而不具有长效性，会形成资源的粗放式投入，造成本来就稀缺的群众体育资源的浪费。因此，以效率提高为前提的群众体育资源投入的增加有利于形成群众体育资源的集约化配置，这不仅可以提高群众体育资源配置的效率，同时还促进了可持续性的能力提升。我们认为：效率是能力提升的前提和基础，对能力提升起支撑作用。只有建立在高效的群众体育资源配置基础上的能力建设才是集约型的能力建设，才具有可持续性和竞争力。所以，配置效率的评价在群众体育资源配置行为的评价中处于基础性的核心地位。

前文中，我们多次提及“群众体育资源社会效益”，那么效益、效果和效率有什么关系呢？效益是管理的永恒主题。任何组织的管理都是为了获得某种效益。效益的高低直接影响着组织的生存和发展。效益、效果和效率是既相互联系、又相互区别的。效果是一项活动的成效与结果，是人们通过某种行为、力量、方式或因素而产生出的合目的性结果。效率是指特定的系统在单位时间内的投入与所取得的效果之间的比率。效益是一种有益的效果，具体地说，它反映了人们的投入与所带来的利益之间的关系。需要说明的是，效益分为社会效益和经济效益。由于群众性体育事业属于公益事业，所以，群众体育资源应更多体现社会效益。因此，后文中所提“效益”均指“社会效益”。在管理学中，效果、效率和效益都是对投入与产出之间关系的评价，效果的概念侧重于主观的方面，强调合乎目的的程度；效率的概念侧重于客观的方面，判断投入与产出的比率；而效益的概念则要求从主观与客观两个方面的统一中来进行判断，它是指效果与效率的统一。就本研究来说，群众体育资源配置行为的效益评价是群众体育资源配置系统在同外界环境相互作用的过程中呈现出的一种配置结果。因此，对群众体育资源配置系统的配置行为的评价实质上就是对群众体育资源配置行为的效益评价。在群众体育资源配置行为的效益评价中我们需要对造成这种结果的系统内部进行分析，即对群众体育资源配置的效果和效率进行分析，如图5。如果仅仅对群众体育资源配置行为产生的效果——能力评价进行静态特征研究，则只是将群众体育资源配置系统封装成一个“黑箱”，我们并不清楚“黑箱”内部是如何运作、又是怎样同外部环境相互作用的，从而不能从根本上对群众体育资源配置系统有一个清晰的认识和深刻的理解。由于群众体育资源配置效益受群众体育资源配置系统内部结构、运行机制及外部环境等诸多因素影响，所以，基于效益视角对群众体育资源配置系统的内部结构、运行机制和外部环境进行全面分析，可以有助于我们对群众体育资源配置系统有一个更深刻的认识。最终在配置效果和配置效率分析基础上，我们形成了对群众体育资源效益的理解，即“建立在效率提高基础上的能力提升才具有可持续性和竞争力”①。

① 刘玲利.科技资源配置理论与配置效率研究[D].吉林大学，2007:54.

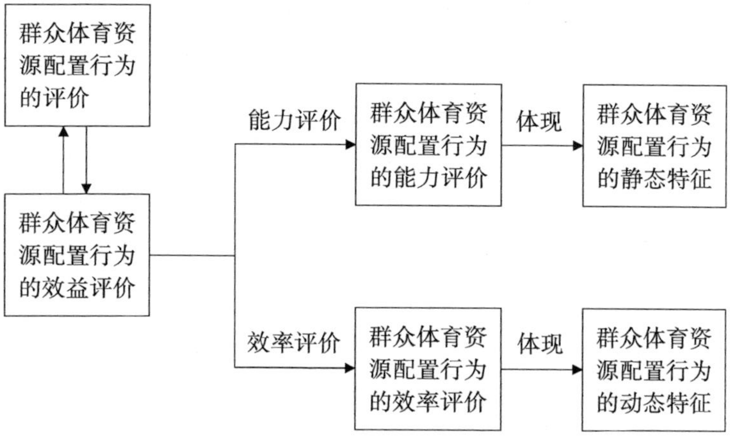

图5 群众体育资源配置行为的效益评价、能力评价和效率评价关系

5. 群众体育资源配置系统的运行机制分析

随着实体中间性群众体育资源要素逐渐从基础性核心群众体育资源要素中分离，群众体育资源配置主体得以形成，群众体育资源配置系统的运行机制也得到不断完善，对群众体育资源配置客体的配置也产生了巨大的作用。目前，学术界认为对于稀缺资源进行配置的运行机制共包括三种，即市场、政府制度和社会文化。因此，作为稀缺性资源的基础性核心群众体育资源要素也要受到市场、政府制度和社会文化三种运行机制的作用，而且在这三种配置运行机制的协调作用下，群众体育资源配置效率得到不断提高。

1）群众体育企业的主要资源配置方式——市场配置。

市场对各种资源的配置能力是在自运行过程中自发形成的。价格是市场运作的核心，价格的波动可以反映出各种资源的稀缺程度，引导生产者和消费者的正确决策。价格上涨会吸引更多的生产者增加资源投入，市场供给量增加，消费者减少，消费量下降；反之，会导致一些生产者减少资源投入，市场供给量下降，消费者和消费量上升。因此，市场可以通过价格信息的调整来引导资源的需求和供给，使其趋于均衡，促进社会经济的正常运行。同时，在市场价格机制的作用下，市场还发挥着信息提供、激励经济和调节收入等方面的作用，从而实现市场配置能力的提高和完善。

市场配置是群众体育企业的主要资源配置方式，它在自发配置群众体育资源过程中，促进了群众体育资源配置效率的提高。市场对群众体育资源的配置主要表现在以下几个方面：①在群众体育人力资源要素市场上，市场价格机制实现了对群众体育人力资源要素内在价值的评价。高素质群众体育人力资源要素更易流向能体现自我价值、发挥创造性潜能的环境中，低素质群众体育人力资源要素被淘汰和分流，从而形成群众体育人力资源要素配置的良性循环，促进群众体育人力资源要素配置效率的提高。②群众体育财力资源要素市场为群众体育资源配置主体提供资金。市场通过价格引导资金流向产出效益高的配置主体，创造较高的经济收益，有利于资金配置效率的提高。③群众体育物力资源要素市场为群众体育物力资源要素提供了交易的场所和环境，增加了群众体育物力资源要素的流动性，降低了物力资源的重复购置等浪费现象，从而提高了物力资源的配置效率。④群众体育信息资源要素市场，为供需双方提供了交易的平台，通过价格机制对双方的供给与需求行为进行调节。然而，市场配置会给群众体育营造一个利益至上的氛围，甚至会造成群众体育资源配置过程中的市场失灵现象，所以制度配置与文化配置就成为弥补其市场失灵的重要方式。

2）各级政府和群众体育行政部门的主要资源配置方式——制度配置。

市场是群众体育资源要素的自配置机制。但是，由于群众体育事业的外部性、非排他性、信息不对称等特征，会造成群众体育资源配置过程中的市场失灵现象，而制度可以通过各种法规、政策等形式维护群众体育配置活动的有序进行，以弥补市场失灵、提高资源配置效率。

一般而言，制度是规范和协调作为群体的人的认识及行为的一种行为规则或规定，因此，群众体育资源配置活动离不开制度的规范与引导。群众体育资源的制度配置的功能包括：①分配功能。制度的分配功能是指根据群众体育资源的稀缺状况、合理配置的信息以及群众体育事业的规律对群众体育资源要素进行分配的功能。②激励功能。诺思教授认为：有效率的经济组织是经济增长的关键因素，有效率的组织要建立制度化的设施，并确立财产所有权，把个人的经济努力不断引向一种社会性活动，使个人的收益率不断接近社会收益率。[①]因此，各级政府和群众体育行政部门需要对群众体育服务与产品的产权进行确认，同时给予一定程度的政策优惠措施，如利率优惠、税收优惠等，以提高群众体育资源配置效率和配置主体从事群众体育事业的积极性。③规范和引导功能。制度是一种行为准则，是一种规定着人们的行为的特殊方式和社会特征。(4) 协调功能。协调功能是指对不同的配置主体进行分工和协调，以提高群众

① 诺斯.制度、制度变迁与经济绩效[M].刘守英，译.北京：生活•读书•新知三联书店，1994.

体育资源的配置效率。

群众体育资源配置系统中的制度有效供应遵循四个原则：①应当符合市场规律。违背市场规律只会带来市场功能的紊乱和资源配置效率的下降。②应当符合群众体育事业的规律。群众体育事业有其自身发展规律，只有符合自身发展规律，制度才能够引导、规范与激励群众体育资源配置。③应当符合进行群众体育资源配置活动所具有的文化特征。因为群众体育资源配置系统中的制度产生和成熟于人们长期所从事群众体育事业的过程中，所以制度源于文化，但又高于文化。特别是在制度制定的过程中，制度要尽可能地符合和满足群众体育人力资源的文化意志和需要，以促进制度的资源配置功能完善和提高。④应当符合“效率优先，兼顾公平”的原则。群众体育资源配置行为的效率和公平是矛盾的统一。它们的统一性表现在：其一，效率是公平的基础。公平的最终实现要以效率的极大提高为基础。其二，公平促进效率。配置公平合理可以促进配置主体的主动性、创造性和积极性，从而实现效率的提高。其矛盾性则体现在：一方面，公平对效率具有一定的滞后性，效率开始提高了，旧的公平观仍居于主导地位，阻碍了效率的最终发展。另一方面，在一定时期内，为了达到公平，要以牺牲一定的效率为代价；而为了促进效率，又要以牺牲一定的公平为代价。因此，在群众体育资源配置的制度供应中需要注意把握效率和公平的均衡点。这一均衡点是指在社会可承受的范围内都可以以效率为主，当社会难以承受时就必须注重公平的尺度。

3）体育社团的主要资源配置方式——文化配置。

在群众体育资源配置系统中，文化作为一种自发的社会秩序，其配置机制一旦生成，就能作为人们从事群众体育活动中的一种常规性固化文化本身所覆盖的群众体育资源配置主体（主要作用于体育社团）的现象型行为。一方面，它对行为主体的行为方式起着潜移默化的影响，使其行为沿着业已成型的文化配置机制进行。这里的文化配置机制更多的是对行为主体起着一种引导性作用。另一方面，其本身就作为一种事态、一种情形，像一种社会规则那样对行为主体的行为有一种自我强制性的规约。这里的文化配置机制更多的是对行为主体起一种规范性作用。

体育社团是指公民自愿组成，自主管理，为实现会员共同意愿，按照其章程以体育运动（或活动）为目的的非营利性社会组织，它是社会团体重要组成部分。[①]体育社团具有较强的公益性或互益性。我国现有的体育社会组织均属于体育社团范畴。卢元镇按照组织化程度将体育社团划分为初级、中级和高级体育社团。初级体育社团是自发形成的，规模较小，局限在同一机关、工厂车间、街巷等；不进行法律登记，没有明确的组织形态，没有固定的活动场所和活动时间，甚至没有专门的指导人员，是一种相对松散的体育社团雏形。中级社团是指具有一定的规模，成员相对固定，有室外活动场所，在有关部门办理了一定的登记手续，有社会体育指导员指导，但没有制定章程，没有选举制度，有社会体育热心人和积极分子承担组织工作，如晚晨练点、活动站等。高级体育社团是指在民政部门履行了法人登记手续，有明确的章程和会员入会制度，会员缴纳会费，有固定的室内外活动场所，有专职的社会体育指导员或教练员进行指导，经常举行比赛活动表演活动，如各种体育协会、俱乐部等。[②]可见，体育社团对于群众体育活动的开展具有重要的作用。

陶传进认为："市场主体最终无法胜任社会公益的任务，在市场的初步繁荣之后，社会的第三组份（社区、社会团体、志愿者组织等）、社会第四组份（权威性的文化价值）将成为未来的重点选择。"同时他还认为，"社会自身包含着组织成分与文化成分。社会这里的组织是初生的、'草根'性的、社区性的；文化则会使得人们进入一个有机的生存体系，而不只是物质性的生活，其中最重要的是它能为人们提供一个最高的价值源泉，发挥价值与权威两个方面的作用。"[③]文化价值是社会公益的价值基础，这也就回答了社会团体等公益组织的行为在物质利益方面于己不利，但他们为什么还这样做的原因。与此相应，文化配置就成了体育社团的主要资源配置方式。

4）市场配置、制度配置和文化配置的相互作用分析。

市场配置对各种资源的配置能力是在自运行过程中自发形成的，同时由于群众体育事业的外部性特征导致市场配置失灵，从而市场配置只有在有效的制度配置和文化配置的引导、规范下才能不断发展、逐渐完善。制度源于文化，但又高于文化，因而制度体现了文化的特征。制度的有效供给与运行离不开从事群众体育事业的人对制度的理解与认同，他们之间的文化契合度决定着制度的运行成本及其绩效。同时，由于市场对群众体育资源配置起着基础性的作用，制度作为一种调节市场配置失灵的手段，要以现存的市场状态为依据，才能实

① 黄亚玲.体育社团改革[M].北京：北京体育大学出版社，2004：53.
② 卢元镇.社会体育导论[M].北京：高等教育出版社，2004：210.
③ 陶传进.社会公益供给——NPO、公共部门与市场[M].北京：清华大学出版社，2005：337.

现有效供给。在群众体育资源配置系统中，文化配置是一种自发的社会秩序，它能潜移默化地影响资源配置主体（主要作用于体育社团）的行为方式，不仅起到引导的作用，而且还起到一种自我强制性的规约。在这种引导与规范的过程中实现对群众体育资源的市场配置和制度配置的有效补充，同时制度的供给和市场的发展对文化配置不断地进行规范和完善。可见，市场配置、制度配置和文化配置是群众体育资源配置系统的三个重要的配置机制，这三种配置机制在群众体育资源配置系统中相互作用、相互影响，并且它们的协同作用，有助于实现群众体育资源的优化配置，促进群众体育资源配置效率得到不断提高。

6. 环境超系统对群众体育资源配置系统的作用分析

群众体育资源配置系统总是受到政治、经济、社会和自然等外界环境子系统的影响。然而，这些外界环境子系统并非相互孤立存在，而是形成一个相互联系、协同作用的环境超系统（环境超系统指环境系统的更高级系统，即由多个技术环境系统相互作用形成的系统），对群众体育资源配置系统产生全面、持久的控制作用。环境超系统对群众体育资源配置系统的整体控制作用特征如下：

1）从社会发展的时间纬度上看，环境超系统对群众体育资源配置系统的控制作用具有动态累积性特征。环境超系统内部各子系统之间的相互联系和协同作用会产生一种“合力”，而且这种“合力”对群众体育资源配置系统产生的影响要优于各子系统独立对群众体育资源配置系统产生的影响。在历史的不同时期，这种“合力”会产生不同的作用方向。不同的作用方向使得环境超系统呈现出各种作用特征：政治性特征、经济性特征、自然性特征和混合性特征等。同时，环境超系统“合力”的作用方向一旦确立，就会对群众体育资源配置系统产生持续的作用，具有动态累积性特征，使得群众体育资源配置系统呈现出不同的发展路径。

2）从同一历史时期来看，协同性是环境超系统对群众体育资源配置系统作用的最显著特征体现。环境超系统内部各子系统之间的协同性强调行为协调同一性和互促性，这种协同性所产生的作用要超出其他任何子系统单独作用或简单累积作用。

可见，环境超系统内部各子系统相互之间所产生的“合力”使得群众体育资源配置系统具有历史动态累积性特征和截面协同性特征，而这些特征是任何单一环境子系统所无法具备的。

第二节 “AHP”法与我国群众体育发展评价指标体系的构建

1.“AHP”法的基本原理

群众体育发展是一个包含多方面、多层次内容的复合概念，其本质是结构变化，是群众体育不断从简单到复杂、从低级到高级的结构变化过程。结构问题总是与复杂性联系在一起，因此，任何一个单一性的指标都难以完整反映群众体育发展水平，而是必须用一系列指标对发展涉及的主要方面与主要层次进行全方位测量，这就决定了群众体育发展评价必须采用多指标综合评价的方法。在众多的综合评价方法中，“AHP”法是对一些较为复杂、较为模糊的问题作出决策的简易方法，它特别适用于那些难于完全定量分析的问题。这一方法原本用于多目标决策中的多方案择优，但其择优过程的实质是根据各种准则对多方案进行排序，排序结果实际上就是多指标综合评价中的权重。因此，这一方法也被广泛应用于多指标综合评价。本研究采用这一方法构建我国群众体育发展评价指标体系，为此需要对“AHP”法基本原理及其计算过程作简要介绍。

“AHP”法的基本原理是将一个复杂的无结构的问题分解为目标、准则、方案等层次，成为一种树状递阶层次结构，并在此基础上进行定性分析和定量分析的一种决策方法。这种方法特点是：在对复杂决策问题的本质、影响因素及其内在关系等进行深入分析之后，构建一个层次结构模型，然后利用较少的定量信息，把决策的思维过程数字化，从而为求解多目标、多准则或无结构特性的复杂决策问题，提供一种简便的决策方法；相对于上一层中某一准则，根据指标的重要性两两进行比较，并按1—9及其倒数来表示，然后综合这些判断以决定每个指标的权重或决策方案的最终结果。

“AHP”法的基本过程，大体可以分为五个基本步骤：①明确问题。明晰问题的范围，以及问题所包含的因素和各因素之间的关系等，以便尽量掌握充分的信息。②建立层次结构。将问题所含的因素进行分组，按照因素之间的关联关系和隶属关系，以目标层、中间层以及最底层的形式排列起来，建立起递阶层次结构。③构造判断矩阵。判断矩阵表示针对上一层次中的某元素而言，评定该层次中各有关元素相对重要性的状况。④层次单排序。层次单排序的目的是对于上层次中的某元素而言，确定本层次与之有联系的元素重要性次序的权重值。⑤层次总排序。层次总排序是指利用层次单排序的结果，计算各层元素对系统目标的合成权重，并进行排序。从这些步骤可以看出，"AHP"法不仅是一种决策方法，而且还提供了三种研究方法。它们分别是：一是系统的层次结构分析法；二是两两相对比较的1—9标度法；三是排序权重生成方法。

2. 层次递阶结构的建立

应用"AHP"法分析决策问题时，首先要把问题条理化、层次化，构造出一个有层次的结构模型。在这个模型下，复杂问题被分解为元素的组成部分。这些元素又按其属性及关系形成若干层次。上一层次的元素作为准则对下一层次有关元素起支配作用。这些层次可以分为三层：①目标层。这一层次中只有一个元素，即分析问题的预定目标或理想结果。②中间层。这一层次中包含了为实现目标所涉及的中间环节，它可以由若干个层次组成，包括所需考虑的准则、子准则，因此也称为准则层。③最底层。这一层次包括了为实现目标可供选择的各种措施、决策方案等，因此也称为方案层或指标层，在多指标综合评价中则是各个指标。一个典型的层次递阶结构如图6所示。

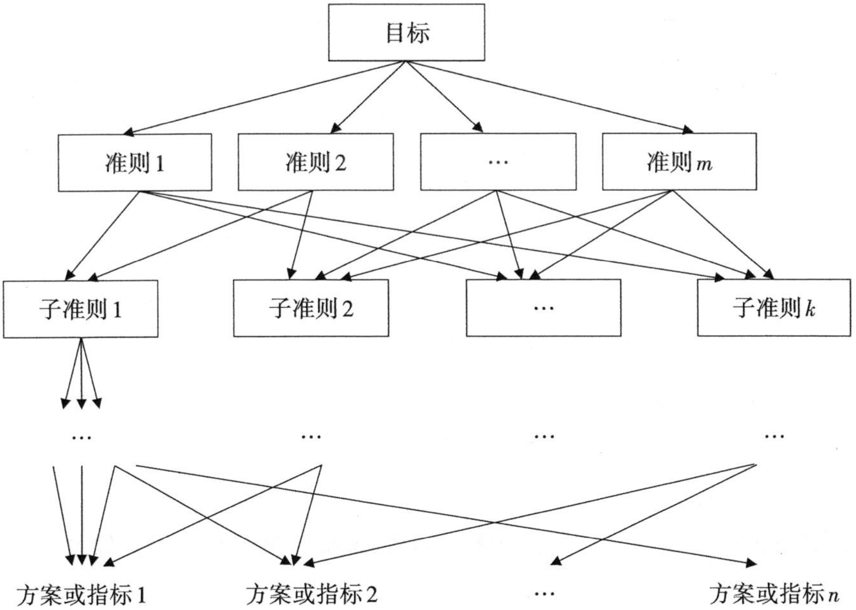

图6 层次递阶结构

层次递阶结构中的层次数与问题的复杂程度及需要分析的详尽程度有关，

每一层次中各元素所支配的元素一般不要超过9个，这是因为支配的元素过多会给两两比较判断带来困难。

3.我国群众体育发展评价指标体系框架的构建

1）社会指标和社会指标体系的借鉴。

在社会学中，社会指标是一个较“年轻”的概念，因为它的兴起是在20世纪60年代，并作为社会管理的一种手段、社会学的一种研究方法出现在社会学的体系中。什么是社会指标？1966年美国文理研究院的雷蒙·鲍尔在其《社会指标》中认为：社会指标是一种量的数据，它是一套统计数据系统，用它来描述社会状况的指数，制定社会规划和进行社会分析，对现状和未来作出估价。1969年，美国卫生、教育和福利部（“HEW”）发布了《社会报告纲要》，认为社会指标是“一种直接服务于标准利益的统计量，它有助于对一个社会主要方面的状况作出简明、综合与均衡的判断”①。联合国1979年编制的《发展中国家社会统计的改进》认为，社会指标是“反映社会制度重大方面的状况的时间数列的统计”。联合国教科文组织认为，社会指标是“通过定量分析评价社会经济生活状况的变化”。1982年，英国迈尔斯博士在《用于度量人类发展水平的社会指标》中认为：“社会指标研究的是人们的生活条件，它包括政治、思想和法制方面及居民生活水平特点的指标。”虽然各国学者对“社会指标”的定义至今未形成一致的看法，但是在设计社会指标主题方面都是围绕着“社会发展和社会生活”。概括起来说，社会指标是指社会现象的定量尺度，是用以描述与评价社会状况及社会变迁趋势的统计数据系统。②

社会指标与社会指标体系是紧密联系，不可分割的，严格来说，两者是有所区别的。社会指标泛指反映社会现象的所有指标，它包括的范围广，指标多，不成体系。社会指标体系则是根据研究的目的和需要，将有内在联系的、有代表性的重要指标科学地、有机地组合成指标群。

本研究对国内外社会指标体系进行了文献调查，主要有联合国的社会指标体系、联合国经济合作与发展组织社会指标体系、美国社会指标体系、日本社会指标体系、印度社会指标体系③、中国社会发展综合指标体系④、中国科学院

① 袁方.社会指标与社会发展评价[M].北京：中国劳动出版社，1995：57.
② 袁方.社会指标与社会发展评价[M].北京：中国劳动出版社，1995：34.
③ 吴寒光.社会发展与社会指标[M].北京：中国社会出版社，1991：25.
④ 何建章，等.中国社会指标理论与实践[M].北京：中国统计出版社，1989：18.

的中国第一次、第二次和综合现代化实现程度评价指标体系[①]等社会评价指标体系以及社会指标，经过分析从中得到的借鉴是：

第一，指标体系都有明确的目的性。一般来讲，各国建立社会指标体系，都是有明确的目的。而且由于目的不同，各国指标体系框架都存在很多差异。不过值得注意的是，各国社会指标体系都体现了“以提高人们生活质量、满足人们需要”为理念的评价目标和评价标准。

第二，指标体系体现了实事求是的思想。由于各国国情不同，社会发展趋势和出现的社会问题有较大差异，因此，应根据本国的具体情况来确定社会指标和指标体系，根据研究的目标、方法和研究对象作出自己的选择。[②]

第三，社会指标与社会统计资料存在差异。首先，社会指标是以定量形式表现的社会统计资料，是一种具有价值取向的数据。统计资料和社会指标都是对社会现象的定量描述，但统计资料一般是中立的、价值无涉的；而社会指标则是规范的、带有价值取向的。所以，一项统计资料能否成为一个社会指标，要看它在应用中是否有意义，是否能对现象作出比较、评价和解释。[③]其次，统计资料通常是为管理目的而搜集、整理和分类的，并不是依据某种理论框架；而社会指标或社会指标体系的设计与形成，通常总是以某种理论框架为基础的。为了运用资料描述有关目标和过程的信息，我们需要一个能把各项资料联系在一起的概念构成的框架。只有当用某种概念体系把各项信息联系起来时，某项统计量才能成为一个社会指标。

第四，社会指标既是代理物又是测度物。作为代理物，社会指标并非自行成立，而是将抽象的或不可测度的社会概念转化成能对此概念进行考察和分析的可操作的术语。因此，某项社会指标肯定总是与其背后所代替的不可测度的概念相联系。而作为测度物，社会指标是有关理论上可计量的信息，它必须避免涉及那些不能用某种等级尺度表示的信息。[④]

第五，社会指标体系的指标要简明扼要，代表性强，力求通过较少指标对社会发展作概括全面的评价。

第六，必须根据社会研究的目的和要求，科学界定指标的名称、涵义及其

---

① 中国现代化战略研究课题组.中国现代化报告2007[M].北京：北京大学出版社，2006：279-281.

② 吴寒光.社会发展与社会指标[M].北京：中国社会出版社，1991：50.

③ 袁方.社会指标与社会发展评价[M].北京：中国劳动出版社，1995：32.

④ 袁方.社会指标与社会发展评价[M].北京：中国劳动出版社，1995：30.

口径范围。

第七，构建社会指标体系的总体框架时，要根据制定社会指标体系所应包括的内容和范围，考虑如何分类、编排，推敲和设计其结构和层次，必要时还应确定哪些指标是中心指标或核心指标。①

2）我国群众体育发展评价指标体系目标层和准则层的经验预选。

为了构建我国群众体育发展评价指标体系框架，本研究将采用“AHP”法所提供的系统层次结构分析法，依据我国群众体育发展的定义和我国群众体育发展现状，遵循本研究提出的我国群众体育发展评价指标体系的构建相关理论、构建的原则、目标模式以及群众体育资源配置和自组织理论，来探索和厘清我国群众体育系统中各个因素之间以及群众体育系统与外界环境的关系，借鉴社会指标体系、国内外相关群众体育发展的指标体系的有益经验、各省的年鉴、全国体育场地普查数据公报、国民体质检测公报、各省体育事业统计年报报表等权威文献，并征询了专家的意见，对本研究中的目标层、准则层和方案层进行经验预选。

本研究的目标层只有一个元素，即我国群众体育的发展评价指标体系。准则层包括了为实现目标所涉及的全部中间环节。所以，指标体系必须对如何评价我国群众体育发展的问题进行系统分解。章节中我们基于资源配置和自组织理论，构建了包括社会环境系统、投入系统、产出系统三个子系统的群众体育系统，同时这三个子系统也成为评价群众体育发展的重要“观察点”。因此，本研究将这三个子系统作为本指标体系的准则。

3）我国群众体育发展评价指标体系子准则层的经验预选。

群众体育作为一个整体，其发展在外部以及其内部各层面上都受到许多特定因素的影响和制约，而且各层面间还发生着相互作用，它是一定时期我国群众体育的发展状况各层面、各种相关因素综合作用的结果。他将我国群众体育视为这样一个整体，即力图从不同层次上确定和说明实际作用于我国群众体育发展的重要因素，并将其影响的性质和程度作出一个合理的解释，从而使人们能够较为清楚地认识我国群众体育发展变化的规律。②董新光的观点是：影响我国群众体育发展的因素划分为三个层次，即第一层次是由各种矛盾体构成的群众体育自身，第二层次是我国体育（包括竞技体育、学校体育、部队体育等），

---

① 朱庆芳，吴寒光. 社会指标体系[M]. 北京：中国社会科学出版社，2001：22.

② 中国群众体育现状调查课题组. 中国群众体育现状调查与研究[M]. 北京：北京体育大学出版社，1998：143.

第三层次是我国社会（包括经济、政治、文化等）。

唯物辩证法认为，事物内部的矛盾性是事物运动、变化的内因和根据，一事物和他事物的相互联系和相互影响是该事物运动变化的外因条件。本研究中的投入系统和产出系统即是群众体育系统自身这一事物内部的矛盾性的体现，而社会环境系统便是群众体育系统的外因条件体现。下面将结合“AHP”法的特点和借鉴的相关文献资料，对社会环境系统、投入系统和产出系统分别进行系统分解，构建三个系统的子准则层，同时征询了相关专家意见，从而形成了经验预选后的我国群众体育发展评价指标体系子准则层。

同时需要说明的是，子准则中没有将董新光所提的“我国体育”方面的因素纳入其中。原因是“我国体育”是影响中国群众体育发展的“中观因素”（“中观因素”由董新光所提），它是群众体育的“家族环境”，具体表现为竞技体育、学校体育、部队体育等对群众体育发展的制约和影响。这种制约和影响主要表现在群众体育的位置置放和投入力度上，即国家在对群众体育、学校体育、竞技体育、部队体育等的“优先发展的位置”的问题，以及“优先发展的位置”的问题所引起的国家对群众体育的人力、物力、财力、信息、科技方面资源投入力度的问题。由于这两个问题所反映的信息都体现在投入系统中，所以没有将“中观因素”纳入指标体系中。

（1）在社会环境系统方面。

根据自组织理论，群众体育系统必须与社会环境系统进行物质、信息、能量的交流，形成了“熵流”。当这些熵流呈现“负熵”时，群众体育系统会逐渐达到非平衡、自稳定、有序的自组织状态。那么社会环境系统应包括什么呢？上一章中我们提出社会环境系统包括有关群众体育发展的政治、经济、文化、社会等诸多方面。然而，有关群众体育发展的社会影响因素众多，我们必须从中选取核心指标作为子准则。胡锦涛同志在《推进我国经济政治文化社会建设全面发展》中提出：在中国特色社会主义建设中，经济建设提供物质基础，政治建设提供政治保障，文化建设提供精神动力和智力支持，社会建设提供有利的社会环境和条件。而影响群众体育发展的众多影响因素，当然也离不开经济、政治、文化和社会四个方面。同时，本研究也借鉴了第一次社会现代化的评价指标，并针对各影响因素与群众体育发展的关系程度进行取舍和归纳。最终，选取经济支持指标、社会支持指标、文化支持指标作为社会环境系统的子准则。

（2）在投入系统方面。

群众体育投入系统是指由群众体育资源配置主体、群众体育资源、群众体育服务和产品等方面的参与形成的一个系统。前文已经提及群众体育这种大规模实践，其基本运作方式表现为一种体育服务的生产与消费相互作用、对立统一的运作过程。依据“群众体育投入系统和产出系统关系”，我们可以发现，体育服务的生产和消费都离不开群众体育资源的投入，而且从经济学角度讲，欲求大的产出就要有大的投入。群众体育的发展同样有赖于群众体育资源的投入。

在群众体育资源配置系统形成的过程中，整体功能性群众体育资源要素通过对基础性核心群众体育资源要素的作用，其配置机制逐渐完善、配置功能不断得到强化，从而形成了市场、政府制度和社会文化等三大配置力量。同时，实体中间性群众体育资源要素逐渐从基础性核心群众体育资源要素中分离出来，成为群众体育资源配置主体。而配置主体分别在制度、文化和市场这三种配置力量的驱使下，促成了群众体育资源配置机制的形成，从而实现了对基础性核心群众体育资源要素的配置。可见，基础性核心群众体育资源要素成为群众体育资源配置系统的客体，也是群众体育资源配置主体作用的对象。因此，在本指标体系的投入系统中，我们将以基础性核心群众体育资源的投入情况来反映“群众体育投入系统”的信息（说明一下：后文中的“群众体育资源”皆指“基础性核心群众体育资源”）。从而，投入系统中的子准则层包括：群众体育财力资源投入指标、群众体育物力资源投入指标、群众体育信息资源投入指标和群众体育人力资源投入指标。

（3）在产出系统方面。

群众体育产出系统是由群众体育服务与产品、群众体育服务与产品消费、群众体育资源产出等三个方面所形成的系统。群众体育资源产出是城乡居民通过对体育服务和产品的消费所获得的结果，也是群众体育资源投入所带来的产出效果，这些结果会以城乡居民的健康素质提高为体现。根据我国群众体育发展评价指标体系结果目标模式，本研究将以“促进全民族健康素质的明显提高”为标准，确定产出系统的子准则。我们对1997年我国第一次全国群众体育现状调查内容中的“全国居民参加体育活动基本情况调查表”和“中国城乡居民问卷调查的各种变量交互表”，2001年我国第二次群众体育现状调查内容中的“群众体育活动点调查问卷”和“中国城乡居民参加体育活动情况调查问卷”，2007年我国第三次全国群众体育现状调查内容中的“中国城乡居民参加体育锻炼情况调查内容”和“群众体育组织机构信息调查内容”进行了分析和归纳，有关体现“促进全民族健康素质的明显提高”的指标包括三个方面：城乡居民参加体育锻炼的时间和空间特征、体育意识特征、体育锻炼者的体质健康特征。同时，我们也对其他文献中能够体现“促进全民族健康素质的明显提高”的资料进行了分析，所抽取的因素基本上涵盖以上三个方面。

在这三个方面中，城乡居民的体育意识作为人们关于体育运动的认识、情感、意志、价值观念和理想等统一的心理活动和认识系统，它体现“促进全民族健康素质的明显提高”过程中的信息基本上反映在其他两个方面中，所以，在征询了有关专家的意见后，本研究将产出系统的子准则设置为“体育参与指标”和“居民体质健康指标”。

4）我国群众体育发展评价指标体系方案层的经验预选。

在多指标综合评价中，方案层则表现为各个指标。在众多反映群众体育发展的信息中，如何选取具有代表性的核心指标成为构建高质量指标体系的重要基础和保证。首先，需要遵守指标体系的构建原则。这里需要补充的是：构建原则在使用过程中既要综合考虑，又要区别对待。因为每一种构建原则都各具特殊性，不能仅用某一原则决定指标取舍。指标体系的系统性包含两层含义：一是指所选择的指标应尽量全面反映群众体育发展的各个方面及其变化，同时保持相对独立性，避免指标间信息重叠；二是根据评价目的、评价精度来决定评价指标体系的系统信息完备性。如区域范围较大，对评价精度的要求可相应降低，评价指标的数目可相应减少；反之，对评价精度的要求可相应提高，评价指标的数目可相应增多。对于本研究中指标体系来说，省级行政区域是区域范围较大的单位，所以本研究的评价精度要求可相应降低，评价指标的数目可相应减少。其次，为了能够选取具有代表性的核心指标，我们还采用了以下四种方法：对《意见》《国家国民经济和社会发展第十三个五年规划纲要》《全民健身计划纲要》《体育发展“十三五”规划》等文件内容和精神进行分析和归纳，并结合我国群众体育实际来选取的指标。对全国群众体育现状调查的各类调查表、各省统计年鉴、全国体育场地普查数据公报、国民体质检测公报、中国现代化报告和各省体育事业统计年报报表等文献中有关群众体育发展的指标进行梳理和归纳，选取符合本指标体系需要的、敏感的核心指标。另外，我们还可以采取一些方法。如：①频度统计法。频度统计法主要是对目前有关群众体育发展评价的报告、论文进行频度统计，选择那些使用频度较高的指标。②

专家访谈法。在初步提出评价指标的基础上，进一步征询有关专家的意见，对指标进行调整。运用以上方法，最终得到我国群众体育发展指标体系框架，见表1。

（1）社会环境系统方案层的经验预选。

①经济支持指标。

经济是社会发展的基础，也是群众体育发展的基础。群众体育的发展规模、水平和速度，归根到底取决于经济发展水平，取决于经济发展所能够为群众体育发展提供的物质条件，取决于经济发展带来的个人经济状况以及由此引发的人的观念、思维方式和行为方式的变化。①钱纳里曾把经济结构划分为十个方面，本研究作为关于支持群众体育发展的经济因素评价，不可能对经济结构作如此详细的描述，我们将从指标体系的构建原则出发，对制约我国群众体育发展最为敏感的经济指标进行选择。

a.恩格尔系数。

恩格尔定律主要表述的是食品支出占总消费支出的比例随收入变化的一定趋势。恩格尔系数从一个侧面反映了人民生活水平的高低，也是衡量一个国家发展水平的重要指标。按照联合国的标准，恩格尔系数在60%以上为绝对贫困型，在50%到59%之间为温饱型，在40%到49%之间为小康型，在30%到39%之间为富裕型，在30%以下为最富裕型。公式表示为：恩格尔系数（%）=（食品支出总额/家庭或个人消费支出总额）×100%。可见，随着恩格尔系数的下降，居民会将个人消费支出重新分配，拿出更多的收入用于其他方面的消费。"其他方面的消费"当然也包括体育休闲方面的消费。北京大学经济学院教授刘伟在《体育消费发展的趋势及特点》一文中指出，恩格尔系数在40%以下体育消费才有可能在消费需求中明显活跃起来，体育消费水平才能进一步得到提高。所以，恩格尔系数的下降也昭示了居民长期从事体育锻炼可能性不断提高。②

① 中国群众体育现状调查课题组.中国群众体育现状调查与研究[M].北京：北京体育大学出版社，1998：144.

② 刘伟.体育消费发展的趋势及特点[J].体育文化导刊，2002(6)：6-8.

表1 我国群众体育发展指标体系框架

目标层	准则层	子准则层	指标层
我国群众体育发展评价指标体系	(X1)社会环境系统	(X11)经济支持指标	(X111)恩格尔系数
			(X112)人均GDP
			(X113)农村居民人均可支配收入/城镇居民人均可支配收入
		(X12)社会支持指标	(X121)城市化
			(X122)服务业增加值增长率
		(X13)文化支持指标	(X131)一般公共预算教育经费占一般公共预算支出比例
			(X132)每万人大学生数
			(X133)电视普及率
			(X134)固定互联网入户数
	(X2)投入系统	(X21)群众体育财力资源投入指标	(X211)每万人拥有的群众体育事业费
			(X212)体育彩票销售额
			(X213)人均体育消费支出增长率
		(X22)群众体育物力资源投入指标	(X221)人均公共体育场地面积
			(X222)每万人拥有的体育社会组织数
			(X223)每万人拥有的青少年体育俱乐部个数
			(X224)每万人拥有的体质测试器材套数
		(X23)群众体育信息资源投入指标	(X231)每万人在体育类核心期刊发表的论文篇数
			(X232)每万人获得国家体育总局体育社会科学课题数
		(X24)群众体育人力资源投入指标	(X241)每万人拥有的社会体育指导员数
	(X3)产出系统	(X31)体育参与指标	(X311)体育人口的人口比例
			(X312)每万人参加全民健身活动人数
		(X32)居民体质健康指标	(X321)男性国民体质综合指数
			(X322)女性国民体质综合指数
			(X323)城镇居民体质综合指数
			(X324)农村居民体质综合指数
			(X325)人口平均预期寿命

b.人均GDP。

GDP，亦称国内生产总值，是指一个国家（或地区）在一定时期内所有常住单位生产经营活动的全部最终成果。[1]考虑到中国庞大的人口数量，我们选用人均国内生产总值来衡量中国经济发展总量水平。人均国内生产总值不仅显示一个国家或地区的物质财富和经济实力，也体现了这个国家或地区居民的富裕情况。如果群众体育失去了国家的强大经济后盾和物质保障，它的发展将会不断萎缩甚至停滞。因此，人均生产总值的高低直接或间接影响到我国群众体育的发展。

c.农村居民人均可支配收入/城镇居民人均可支配收入。

农村居民人均可支配收入/城镇居民人均可支配收入显示了城乡居民收入的差距。农民人均纯收入指农村常住居民在一年时间内平均每人所得总收入中，扣除从事生产和非生产经营费用支出、缴纳税款和上交承包集体任务金额以后剩余的，可直接用于进行生产性、非生产性建设投资、生活消费和积蓄的那一部分收入。城镇居民人均可支配收入指城市常住居民在一年时间内平均每人最终消费支出和其他非义务性支出以及储蓄的总和，即居民家庭人均可以用来自由支配的收入。它是居民家庭人均总收入扣除交纳的个人所得税、个人交纳的社会保障费以及记账补贴后的收入。

2000年《中国群众体育现状调查与研究》中记录了不同职业人群的体育人口率：工人19.3%、管理人员24.4%、服务人员14.6%、教科文人员34.3%、农民8.4%。可见，农民阶层与社会其他阶层在体育人口率方面相比处于落后地位，这种状况与农民阶层收入过低以及城乡收入差距过大密不可分。目前，我国农村人口占全国总人口的36.11%，[2]能否解决好农村体育的发展问题关系到我国群众体育发展的公平性、和谐性和可持续性。所以，农村体育已经成为我国群众体育工作的重中之重。因此，本研究旨在通过城乡居民收入差距所透露的信息，从一个侧面来反映城乡体育差距以及群众体育的发展状况。

②社会支持指标。

a.城市化。

《意见》指出：构建群众性体育服务体系，要抓住四个重点，即青少年体育以学校为重点，农村体育以乡镇为重点，城市体育以社区为重点，军队体育以连队为重点。可见，小城镇体育在发展我国群众体育过程中被空前提到了一个

① 刘厚俊.现代西方经济学原理[M].江苏：南京大学出版社，1997：247.

② 陆杰华，林嘉琪.中国人口新国情的特征、影响及应对方略——基于“七普”数据分析[J].中国特色社会主义研究，2021(3)：57-67.

相当高的地位，小城镇数量将成为制约我国农村体育乃至群众体育的重要因素。党的十五届五中全会提出了合理调整生产力布局，实施西部大发展战略，积极稳妥地推进城镇化，促进地区、城乡协调发展。中国的现代化建设从过去的重点发展大城市转向大中城市与城镇、农村发展并重的阶段。因此，本研究注意到我国现代化发展和群众体育发展的这种态势，选取了城市化这个指标。该指标通过城市人口（广义）占全国人口的比例来衡量。城市人口包括了狭义的城市人口和城镇人口。

b.服务业增加值增长率（第三产业增加值增长率）。

《中共中央国务院关于加快发展第三产业的决定》，根据国情，我国对国民经济按三次产业作如下划分：第一产业是农业；第二产业是工业和建筑业；第三产业是除此以外的其他各业，主要包括流通部门、为生产和生活服务的部门、为提高科学文化水平和居民素质服务的部门。可见第三产业与服务业是同一对象的两个不同讲法，内涵与外延完全相同，可当作同义词使用。第三产业的概念是相对于第一产业和第二产业而言的，而服务业则是相对于农业和工业而言的。其在“加快发展第三产业具有重大战略意义”中指出：随着经济的发展和收入的提高，人民群众不仅在衣、食、住、行、通讯、卫生和生活环境等物质生活的各个方面提出了更多、更高的要求，而且在文化娱乐、广播影视、图书出版、体育康复、旅游等精神生活方面也提出了更多、更高的要求。只有加快发展第三产业，才能适应人民群众日益增长的物质和文化生活的需要，促进社会主义物质文明和精神文明建设。而第三产业必须以产业化为方向，建立充满活力的第三产业自我发展机制。大多数第三产业机构应办成经济实体或实行企业化经营，做到自主经营、自负盈亏。现有的大部分福利型、公益型和事业型第三产业单位要逐步向经营型转变，实行企业化管理。

《意见》提出：构建群众性体育服务体系，要坚持政府支持与社会兴办相结合。政府重点支持公益性体育设施建设，群众性体育组织和体育活动以社会兴办为主，鼓励、支持企事业单位和个人兴办面向大众的体育服务经营实体，积极引导群众的体育消费，大力培育体育市场，加强规范管理，逐步形成有利于体育产业发展的社会氛围。当前，体育理论界多数学者认为体育产业指的是活劳动的形式向全社会提供各类体育服务的行业，是体育服务业的简称。由此把体育产业分为健身娱乐业、竞赛表演业、咨询培训业、体育经纪业、体育旅游业、体育博彩业等。[①]综上所述，政府通过公共财政和体育彩票公益金提供公民应当享有的基本体育公共物品和基本体育公共服务，而社会通过市场和“第三部门”提供公民个人所需的私人和准公共的体育物品和服务，满足人们多样化的体育需求。另外，在国家统计局2003年的《三次产业划分规定》中，将体育划为第三产业里面的R门类91大类，体育服务业成为第三产业的重要组成部分。可见，我国第三产业发展状况将直接影响我国体育服务业的发展。因此，我们选择“服务业增加值增长率”这个指标，该指标等于在第三产业生产过程中创造的新增价值和固定资产的转移价值。

③文化支持指标。

2000年《中国群众体育现状调查与研究》一书中提到，我国体育人口具有与文化程度基本成正比的特点，不同学历人群中的体育人口分布占该人群的比例如下：研究生占26.3%；大学生占35.9%；高中生占27.4%；初中生占16.6%；小学生占9%。[②]可见文化程度会影响人的认知和评价水平，同样也会影响人的体育意识形成以及体育基本知识、技术和技能的掌握。因此，文化支持指标对于群众体育发展具有举足轻重的作用。本研究将根据文化环境与群众体育的关系程度，采用以下四个指标：

a.一般公共预算教育经费占一般公共预算支出比例。

该指标是用以体现国家对教育重视程度。

b.每万人大学生数。

因为体育人口具有与文化教育程度基本成正比的特点，我们使用这个指标是为了从一个层面显示我国学历层次情况。

c.固定互联网入户数和电视普及率。

目前人们获取体育类信息主要传媒是因特网、电视和体育类书籍，根据数据的可得性原则，我们选取了固定互联网入户数和电视普及率两个指标。固定互联网入户数单位为万户，电视普及率指标涵义为每百人电视拥有量。

① 国家体育总局政策法规司.体育社会科学研究成果汇编(2006年)[M].北京:人民体育出版社,2006:402.

② 中国群众体育现状调查课题组.中国群众体育现状调查与研究[M].北京:北京体育大学出版社,2004:50-62.

（2）投入系统方案层的经验预选。

投入系统是由体育服务的劳动生产部门、群众体育资源、体育服务和产品等方面的参与形成的一个系统。该系统在实施过程中，不断促成了我国比较完善的全民健身体系的形成，从而也为实现促进全民族健康素质的明显提高打下坚实的基础。我国群众体育工作能够做到亲民、便民、利民的关键就在于群众体育发展的投入系统实施状况。同时，《意见》也提出：构建群众性体育服务体系，着重抓好三个环节，即建设好群众健身场地、健全群众体育活动组织、举办经常性群众体育活动；构建群众性体育服务体系，要抓住四个重点，即青少年体育以学校为重点，农村体育以乡镇为重点，城市体育以社区为重点，军队体育以连队为重点；构建群众性体育服务体系，要坚持政府支持和社会兴办相结合。可见，《意见》所指示的精神给本研究提供了非常有价值的投入系统框架构建思路和借鉴。以下是对投入系统中各子准则和指标的介绍。

①群众体育财力资源投入指标。

一般来说，我国群众体育资金的来源分为直接投资和间接投资两个渠道。直接投资由政府体育投资、社会体育投资和市场体育投资组成。其中社会体育投资包括居民消费、企业赞助、社会捐资、体育彩票等四个方面。间接投资包括贷款援助、财政补贴、税收优惠和其他公共政策等。[①]我们根据以上各资金渠道对群众体育发展的影响程度进行指标选取。

a.每万人拥有的群众体育事业费。

群众性体育事业属于公益事业，其性质决定了它的发展主要靠政府，主要靠政府去负责、去管理，主要靠政府通过公共财政提供公共物品和公共服务，从而“保障广大人民群众享有基本的体育服务”。因此，我们将“每万人拥有的群众体育事业费”作为指标体系框架的组成部分。

b.体育彩票销售额。

体育彩票公益金（以下简称“公益金”），是指经国务院批准，从体育彩票销售额中按规定比例提取的专项用于发展体育事业的资金。公益金主要用于落实《全民健身计划纲要》和《奥运争光计划纲要》。有关落实《全民健身计划纲要》的内容包括三个方面：资助开展全民健身活动，修整和增建体育设施，体育扶贫工程专项支出。从体育彩票的性质来看，它是一种民间资源，来源于社

① 秦椿林.当代中国群众体育管理[M].北京：人民体育出版社，2006：139.

会大众，体现了社会大众对体育公益事业的支持和关心。目前，我国体育彩票公益金在落实《全民健身计划纲要》和推动群众体育发展的过程中已经发挥出巨大的能力。本研究选取了“体育彩票销售额”这一指标，旨在显示社会大众对推动群众体育发展过程中的投入情况。

c.人均体育消费支出增长率。

体育消费从本质上讲属于满足人们享受和发展需要的消费，是人们利用体育产品来达到增强体质、发展体力、振奋精神、完善人格和享受特有艺术的一种特殊文化娱乐消费。[①]本研究采用“人均体育消费支出”有两个用意。首先，居民参与体育活动而进行的体育消费支出，是居民为了增强体质和健康、休闲娱乐等原因而进行的资金投入，从某种程度上说，也是一种个人为实现我国群众体育发展结果目标而进行的资金投入。其次，目前市场和社会的群众体育资金投入难以统计，不过他们提供的体育产品和体育服务主要是私人产品和准公共产品，也就是说，居民在消费这部分体育产品和体育服务时是需要收费的，所以，某省的人均体育消费支出能从一个侧面反映市场和社会的群众体育资金投入的信息。

目前体育消费类型结构一般包括健身类、体育旅游类、实物类、观赏类、信息类、体育培训类等六类，皆属于教育文化娱乐服务消费。但因其内涵过于“宽广”，常与其他教育文化娱乐服务发生“统计冲突”，致使其体育消费支出数据精度不准或难以获得。然而，本研究主要是获得居民的体育消费支出动态。一般来说，体育消费支出动态要从支出额和支出增长率两个方面来观察。在2000年的中国群众体育调查中，东部地区、中部地区、西部地区的人均体育消费分别为74.27元、49.54元、47.52元，即全国的人均体育消费支出额在50左右。相对于同年全国城镇居民人均可支配收入的6280元和农民人均纯收入的2253元来说，各省的人均体育消费支出额的基数较小，所以，人均体育消费支出增长率成为更值得关注的焦点。这里我们将作一个假设，由于体育消费支出受到多种因素的影响，它的递增是一个缓慢的过程，而且本研究是考察三年的连续数据，在这较短的时间里，可以视各省人均体育消费支出在教育文化娱乐服务消费支出中的结构比例不变。因此，我们可以得出“人均体育消费支出增长率”与“人均教育文化娱乐服务消费支出增长率”是一致的结论。所以，本研究采用“人均教育文化娱乐服务消费支出增长率”的数据来毛估“人均体育

① 鲍明晓.我国体育市场投资前景分析[J].天津体育学院学报，2000(2)：1–5.

消费支出增长率”的数据。

②群众体育物力资源投入指标。

a.人均公共体育场地面积。

公共体育场地是指主要由国家投资建造的，用于训练、比赛和为市民健身锻炼开放的各类体育场地、建筑物、固定设施和其辅助设施。据全国体育场地普查数据显示，我国体育场地资源相对比较匮乏，不同程度地阻碍了群众体育的发展。所以，本研究选取“人均公共体育场地面积”这一指标来反映国家对公共体育场地投入力度的信息。

b.各种全民健身设施情况。

国家体育总局在安排公益金时，用于落实《全民健身计划纲要》的资金为年度公益金收入总额的60%，省级以下（含省级）的体育行政部门要按该办法规定的使用范围，根据实际情况参照上述比例执行。在这笔公益金中有一部分主要用于全民健身设施的修整和增建。这些体育设施主要包括：室外全民健身公园、广场，室内健身中心，青少年体育俱乐部等。其中，室外全民健身公园设施包括健身路径、小篮板、乒乓球台，室内健身中心设施包括篮排球房、羽毛球房、棋牌室、健身房、游泳池。为了能够较为完整地反映这方面的信息，本研究将选取“每万人拥有的青少年体育俱乐部个数”“每万人拥有体育社会组织数”这两个指标。

c.每万人拥有的体质测试器材套数。

建立国民体质监测指标体系，开展国民体质监测工作，通过对国民体质状况进行动态观察和比较，实现了以科学的方法客观评价发展群众体育效果的问题，同时也为衡量全民健身计划实施成果和群众体育事业的发展成就，开展全民健身工作，有效增强国民体质提供了科学依据。这也是我国群众体育事业向着科学化方向迈进的具体体现。可见，国民体质监测工作情况对于我国群众体育发展的意义十分重大，然而目前我国国民体质监测在全国的覆盖率较低。所以，本研究将以“每万人拥有的体质测试器材套数”为指标来衡量我国国民体质监测工作情况。

③群众体育信息资源投入指标。

群众体育信息资源要素包括各种有关群众体育的科技期刊、图书、科技文献资料、数据库、各种专利成果等。考虑到指标的可操作性，我们选取以下两个指标来反映这方面的信息。

a.每万人在体育类核心期刊发表的论文篇数。

体育论文是体育信息的重要载体，是体育科研工作成果的重要体现，也是体育科研人员大量人力、物力、财力、智力等综合因素的结晶。体育论文上有关体育人文社会学、体育教育训练学、运动人体科学、民族传统体育学等方面的体育信息皆是有益于群众体育发展的信息。因此，体育论文的数量能够从一个侧面反映群众体育信息资源投入的情况。本研究以“每万人在体育类核心期刊发表的论文篇数”为指标来反映各省对群众体育信息资源投入情况。16类体育类中文核心期刊（以2020年北大中文核心期刊目录为准）分别是《体育科学》《北京体育大学学报》《武汉体育学院学报》《体育与科学》《成都体育学院学报》《体育学刊》《中国体育科技》《上海体育学院学报》《体育文化导刊》《西安体育学院学报》《天津体育学院学报》《广州体育学院学报》《山东体育学院学报》《首都体育学院学报》《沈阳体育学院学报》《体育学研究》。

b.每万人获得国家体育总局体育社会科学课题数。

课题申请成功不仅是某一科研团队的科研实力的重要体现，而且为科研团队的后续研究提供了经费支持，也为体育信息的大量投入提供了可能。因此，我们将“每万人获得国家体育总局体育社会科学课题数”作为本研究指标体系框架中的一员。

4.群众体育人力资源投入指标

群众体育人力资源主要包括群众体育干部、群众体育志愿者、社会体育指导员等三个方面。由于群众体育的发展与群众体育干部的数目不成正相关，只与群众体育干部的业务素质能力成正相关，而且业务素质能力信息难以进行具体统计，所以，本研究未将其纳入指标体系框架中。群众体育志愿者在我国刚刚起步，主要活动于城乡体育活动组织中。目前，他们的业务素质能力和数量相对于社会体育指导员还处于一个较低的水平，所以，本研究也未将其纳入指标体系框架中。我们从群众体育人力资源中选取影响力大、最有代表性的一个群体，即社会体育指导员纳入指标体系框架中。

每万人拥有的社会体育指导员数。

社会体育指导员是指群众性体育活动中从事运动技能传授、锻炼指导组织管理并获得社会体育指导员技术等级称号的工作人员。他们是实施全民健身计划纲要的一支主力军，是社区组织网络、服务体系和精神文明建设的一支骨干力量，在组织开展丰富多彩的体育活动、提高广大人民群众体育意识、指导不同人群的科学健身、引导大众体育消费等方面，发挥了十分重要而又积极的作用。根据社会体育指导员技术等级，社会体育指导员分为国家级、一级、二级、三级社会体育指导员。截至2002年年底，我国社会体育指导员总数已达到276 576人，但这个数字还远远不能满足我国全民健身活动迅速发展的需要。[①]所以，在《〈全民健身计划纲要〉第二期工程第一阶段实施计划》中提出了关于2010年全国社会体育指导员达到65万人的发展目标。本研究认为，不断提高我国社会体育指导员的数量规模和质量层次是当前群众体育工作的重要任务和目标之一。因此，本研究将以“每万人拥有社会体育指导员数”来反映某省社会体育指导员发展情况，同时也从一个侧面显示了该省的群众体育发展人力资源投入情况。

（3）产出系统方案层的经验预选。

①体育参与指标。

a.体育人口的人口比例。

体育人口是经济和社会发展到一定历史阶段的人口现象和体育现象，也是一项重要的群众体育指标，它反映了人们对体育的参与程度及亲和程度。体育人口是指在一定时期、一定地域里，经常从事身体锻炼、身体娱乐，接受体育教育、参加运动训练和竞赛，以及其他与体育事业有密切关系的、具有统计意义的一种社会群体。体育人口可以分为实质性体育人口与非实质性体育人口、当然体育人口与或然体育人口、终身体育人口与间断体育人口、主动体育人口与被动体育人口等几类。为了达到区分人们直接参与体育活动程度的目的，在确定体育人口时，我们将操作概念确定为实质性体育人口。实质性体育人口是指那些亲自参与各种体育活动的人。本研究使用“体育人口的人口比例”这个指标来反映各省体育人口发展状况。体育人口的人口比例的计算公式为：体育人口／该地区或该人群总人口×100%。判定体育人口的标准为：每周身体活动频度3次以上（含3次，每次身体活动时间30分钟以上，每次身体活动强度中等程度以上。

b.每万人参加全民健身活动人数。

每万人参加全民健身活动人数是指每万人参加县以上体育行政部门主办的

① 肖林鹏.社会体育管理[M].北京：北京体育大学出版社，2005：116.

以全民健身为目的的运动会或比赛的人数。该指标从一个侧面反映人们参加体育的情况。

②居民体质健康指标。

a.居民的体质情况。

各省居民的体质情况从以下四个方面展开，即男性国民体质综合指数、女性国民体质综合指数、城镇居民体质综合指数、农村居民体质综合指数。国民体质综合指数指通过国民体质监测所取得的国民总体的身体形态、身体机能和身体素质等资料，进行处理后得到的反映国民体质综合状况的指数。第四次国民体质监测是2014年，国家体育总局、教育部、科技部、国家民委、民政部、财政部、国家统计局、全国总工会等部门为了推动全民健身活动的开展，促进国家经济建设和社会发展，系统掌握我国国民体质现状和变化规律，联合全国31个省（区、市）进行了第二次国民体质监测工作。为了能够反映我国居民体质情况，我们将男性国民体质综合指数、女性国民体质综合指数、城镇居民体质综合指数、农村居民体质综合指数作为本研究指标体系的指标。

b.人口平均预期寿命。

一国人口的健康通常通过两个统计学指标考察：人口平均预期寿命和5岁以下幼儿死亡率。其中，人口平均预期寿命是指假若当前的分年龄死亡率保持不变，同一时期出生的人预期能继续生存的平均年数。可见人的寿命长短与人健康水平有着密切的关系。因此，为了能获得有关人的健康水平信息，我们选取了人口平均预期寿命所反映的信息来衡量人的健康水平。当然人的预期寿命受到多方因素的影响，如社会经济条件、卫生医疗水平、体育参与情况以及人的体质、遗传因素、生活条件等个人差异等。虽然以上因素很多是人们无法控制的客观条件，但是人的体育参与却是为数不多影响预期寿命的可控制因素。因为体育的健身功能是通过经常性的、科学合理的身体锻炼来增进健康，所以我们选取人口平均预期寿命作为反映居民体质健康的指标。

5.我国群众体育发展评价指标体系的构建

本次采用“Delphi”法的主要目的旨在进一步筛选指标。我们将采用改进的“Delphi”法[①]进行指标筛选，共进行两轮函询。在第一轮函询时向专家提供说明

---

① 包昌火.情报研究方法论[M].北京：科学技术文献出版社，1990：187-192.

信、相关的背景资料以及初步拟定的指标体系框架供其进行指标筛选。第二轮函询时，向专家提供上一轮专家咨询的统计结果，再进行指标筛选，使得专家的意见趋向集中。

1）咨询专家的基本情况。

本研究共遴选出20位在群众体育相关领域工作的专家和学者，其中第一轮发出问卷20份，回收问卷20份，专家积极系数为100%；第二轮发出问卷20份（被问卷人即第一轮返回问卷的专家），回收问卷20份，回收率100%。

2）专家意见协调程度。

专家意见的协调程度是一项十分重要的指标，通过计算可以判断专家对每项指标的评价是否存在较大分歧或者找出高度协调专家组和持异端意见的专家，同时也是咨询结果可信度的指标。衡量协调程度的指标有各指标评价结果的变异系数和专家意见协调系数。

（1）变异系数。

变异系数又称离散系数，是衡量专家意见协调程度的一个重要指标，用V_j表示。在本研究中，它是全部专家对指标相关性评分的标准差与算术平均值之比。变异系数的大小表示专家评价的波动程度，可以反映专家意见的一致性。该系数介于0～1，一般来讲，该系数越小，专家的协调程度越高。V_j的计算步骤如下：

①计算对j指标评分的标准差σ_j；

$$\sigma_j=\sqrt{\sigma_j^{\ 2}}=\sqrt{\frac{\sum_{i=1}^{m_j}(X_{ij}-\overline{X}_j)^2}{m_j}} \qquad (1)$$

X_{ij}：i专家对j指标的评分。

$\overline{X}_j$：对j指标全部评分的算数平均值。

m_j：参加j指标评价的专家人数。

n：指标总数。

②计算变异系数V_j。

$$V_j=\frac{\sigma_j}{\overline{X}_j} \qquad (2)$$

（2）协调系数的计算。

①协调系数是衡量专家意见协调程度的另一个重要指标，用W表示，其计

算公式如下：

$$W=\frac{\sum_{j=1}^{n}d_j^2}{\frac{m^2(n^3-n)}{12}} \qquad (1)$$

$$\sum_{j=1}^{n}d_j^2=\sum_{j=1}^{n}(S_j-M_{s_j})^2 \qquad (2)$$

S_j表示j指标的等级和（按专家对各指标的评分递减排队，每个指标赋予相应的等级，遇相等评分时，取平均等级。对j指标评价的专家分别给出等级求和就是j指标的等级和）。

$$M_{s_j}=\frac{1}{n}\sum_{j=1}^{n}S_j \qquad (3)$$

②当专家对各指标给出相同评价等级则公式变为：

$$w=\frac{12\sum_{j=1}^{n}d_j^2}{m^2(n^3-n)-m\sum_{i=1}^{m}T_i} \qquad (4)$$

其中 $T_i=\sum_{l=1}^{L}(t_i^3-t)$ （5）

T_i：相同等级修正系数。

l：第i专家评价中的相同评价组数。

t_i：l组中的相同等级数。

协调系数W在0～1之间，W越大，表示协调程度越好。反之，意味着专家意见协调程度较低。根据国内几项大型特尔菲法的应用研究，最后一轮的W一般在0.5左右。①

③协调程度的显著性检验——x^2检验。

$$x_R^2=\frac{1}{mn(n+1-\frac{1}{n-1}\sum_{i=1}^{m}T_i)}\sum_{j=1}^{n}d_j^2 \qquad (6)$$

$d.f.=n-1$

根据自由度$d.f.$和显著性水平，从x^2值表中查得x^2值。如果$x_R^2>x^2$，则可认为协调系数经检验后有显著性，说明专家评估或预测意见协调性好，结果可取。

---

① 王芳.社区卫生服务绩效评价指标体系研究[D].华中科技大学，2006.

反之，x_R^2值很小，如果P > 0.05，则认为专家意见评估或预测结论的可信度差，结果不可取。本次专家咨询的专家意见协调系数计算结果见表2（本研究只对指标层中的指标进行了专家意见协调系数分析）。

表2 专家意见协调系数

指标	相关性			
	第一轮		第二轮	
	协调系数	x^2	协调系数	x^2
社会环境系数	0.2811	3.7477*	0.4461	5.9484*
投入系统	0.7907	11.8607*	0.8366	12.5488*
产出系统	0.3916	3.9160*	0.4101	4.1011*

注：*表示P≤0.05

可见，虽然本研究只进行了两轮专家咨询，但三项协调系数的第二轮数值均高于第一轮，这些说明专家意见的协调性较好，可信度较高，结果可取。

3）两轮专家咨询结果。

在两轮专家咨询中，专家对准则层、子准则层、指标层中各个元素之间的相关性进行由强到弱主观评价（通过由10至1的整数赋值予以体现），收集和整理数据之后计算每个指标所得分数的均数、变异系数。表3是两轮专家咨询后每轮各候选指标在相关性的得分均值、标准差和变异系数。其中算术均值表示专家意见的集中程度，算术均值越大，说明对应的指标对于上一层次的准则层或子准则层的相关性越高。变异系数表示专家意见对某个指标的协调程度，说明专家对该指标相对相关性的波动程度，或者说是协调程度。变异系数越小，专家们对该指标的协调程度越高。从数据来看，第二轮的变异系数明显小于第一轮的变异系数，专家对各指标的评价趋向集中，即专家对各指标的协调度较高。同时，在所有寄回问卷的专家中，有部分专家对评价指标提出了详细的意见和建议，我们将结合专家提出的意见和建议，对指标体系框架进行进一步的筛选与修改，形成具体的指标体系。

表3 两轮专家咨询指标相关性得分结果

指标	第一轮			第二轮		
	均值	标准差	变异系数	均值	标准差	变异系数
X1	8.00	1.076 1	0.134 5	8.05	0.944 5	0.117 3
X2	8.95	1.050 1	0.117 3	9.05	0.887 0	0.098 0
X3	8.85	0.988 1	0.116 0	8.85	0.745 2	0.084 2
X11	7.90	1.119 2	0.141 7	7.80	0.833 5	0.106 9
X12	8.25	0.850 7	0.103 1	8.50	0.670 8	0.082 3
X13	8.40	0.820 8	0.097 7	8.60	0.598 2	0.069 6
X21	8.80	0.951 5	0.108 1	8.90	0.788 1	0.088 5
X22	8.80	0.951 5	0.108 1	8.85	0.875 1	0.098 9
X23	8.30	1.031 1	0.124 2	8.40	0.940 3	0.111 9
X24	8.60	0.994 7	0.115 7	8.70	0.864 5	0.099 4
X31	8.50	0.888 5	0.104 5	8.60	0.753 9	0.087 7
X32	8.70	0.864 5	0.099 4	8.85	0.670 8	0.075 8
X111	6.95	0.887 0	0.127 6	6.75	0.716 4	0.106 1
X112	7.55	0.759 2	0.100 6	7.70	0.571 2	0.074 2
X113	7.20	0.833 5	0.115 8	7.50	0.688 2	0.091 8
X121	7.65	0.587 1	0.076 8	7.70	0.470 2	0.061 1
X122	7.40	0.820 8	0.110 9	7.60	0.598 2	0.078 7
X131	7.25	0.910 5	0.125 6	7.55	0.686 3	0.090 9
X132	6.80	0.894 4	0.131 5	6.70	0.656 9	0.098 1
X133	6.15	1.040 0	0.169 1	6.05	0.825 6	0.136 5
X134	7.25	0.716 4	0.098 8	7.55	0.510 4	0.067 6

续　表

指标	第一轮			第二轮		
	均值	标准差	变异系数	均值	标准差	变异系数
X211	8.60	0.882 6	0.102 6	8.65	0.670 8	0.077 6
X212	8.90	0.552 5	0.062 1	8.85	0.489 4	0.055 3
X213	9.00	0.562 0	0.062 4	8.95	0.394 0	0.044 0
X221	9.20	0.615 6	0.066 9	9.25	0.550 1	0.059 5
X222	8.95	0.686 3	0.076 7	8.90	0.552 5	0.062 1
X223	6.95	0.825 6	0.118 8	6.75	0.638 7	0.094 6
X224	7.15	0.670 8	0.093 8	7.05	0.604 8	0.085 8
X231	7.25	0.638 7	0.088 1	7.55	0.510 4	0.067 6
X232	6.15	0.933 3	0.151 8	6.35	0.745 2	0.117 3
X241	9.20	0.615 6	0.066 9	9.25	0.550 1	0.059 5
X311	9.30	0.470 2	0.050 6	9.20	0.410 4	0.044 6
X312	8.20	0.695 9	0.084 9	8.25	0.638 7	0.077 4
X321	8.00	0.888 5	0.104 5	8.40	0.753 9	0.089 8
X322	8.50	0.888 5	0.104 5	8.40	0.753 9	0.089 8
X323	8.70	0.732 7	0.084 2	8.75	0.638 7	0.073 0
X324	8.70	0.732 7	0.084 2	8.75	0.638 7	0.073 0
X325	8.10	0.852 2	0.105 2	8.25	0.716 4	0.086 8

4）指标体系的形成。

为了遵循指标体系的精炼性原则，我们尽量选择有代表性的核心指标，使指标体系完备、简洁。所以，本研究将筛选掉均值低于7.5的指标。同时我们听取了部分专家提出的意见和建议：①“每万人参加全民健身活动人数”与“体育人口的人口比例”两项指标具有较高的相关性，应予以合并，考虑到“体育人口的人口比例”现实意义和较高的相关性，我们选取“体育人口的人口比例”指标。②“男性国民体质综合指数”“女性国民体质综合指数”与“城镇居民体质综合指数”“农村居民体质综合指数”具有较高的内涵信息重叠，考虑到本研究的研究意义，我们选取“城镇居民体质综合指数”“农村居民体质综合指数”两个指标。通过一系列的指标筛选，我国群众体育发展评价指标体系得以形成，见表4。

5）指标体系的效度。

效度就是正确性程度，即测量工具能测出的其所要测量的特质的程度。效度越高，即表示测量结果越能显示其所要测量的对象的真正特征。[①]目前测量效度有多种方法，如内容效度、预测效度、同时效度和结构效度。内容效度是指测量项目在多大程度上表示了所要测定的特征范畴；预测效度是指测验结果能够预测人们将来行为或将来状况的程度，实际上是测验结果在一段时间以后的行为表现或实际情况（预测标准，也称效标）之间的相关程度；同时效度是在不可能或不便于等待一段时间再评定测量预测效度的情况下，用测验结果与当时行为表现或当时状况的相关程度表示的效度；结构效度是检验测验是否真正测量了研究者提出的理论结构。

本研究中通过对20位专家的咨询，我们对指标体系的内容和结构效度进行检验，并采用内容效度比（*Content Validity Ratio*，简称“*CVR*”）指标进行衡量。*CVR*的计算公式是：

$$CVR=\frac{ne-\frac{N}{2}}{\frac{N}{2}} \tag{1}$$

其中，*ne*为持肯定评判意见（选择“能体现”和“基本能体现”）的人数，*N*为评判者总人数。经过咨询，指标体系的内容结构评价“*CVR*=0.8”，结构设计评价“*CVR*=0.9”。而一般认为*CVR*在0.7以上就属于高效度，可见指标体系内

① 袁方.社会研究方法教程[M].北京：北京出版社，2005：192.

容和结构效度较好。

表4 我国群众体育发展评价指标体系

目标层	准则层	子准则层	指标层
我国群众体育发展评价指标体系	(X1)社会环境系统	(X11)经济支持指标	(X112)人均GDP
			(X113)农村居民人均可支配收入/城镇居民人均可支配收入
		(X12)社会支持指标	(X121)城市化
			(X122)服务业增加值增长率
		(X13)文化支持指标	(X131)一般公共预算教育经费占一般公共预算支出比例
			(X134)固定互联网入户数
	(X2)投入系统	(X21)群众体育财力资源投入指标	(X211)每万人拥有群众体育事业费
			(X212)体育彩票销售额
			(X213)人均体育消费支出增长率
		(X22)群众体育物力资源投入指标	(X221)人均公共体育场地面积
			(X222)每万人拥有体育社会组织数
		(X23)群众体育信息资源投入指标	(X231)每万人在体育类核心期刊发表的论文篇数
		(X24)群众体育人力资源投入指标	(X241)每千人拥有社会体育指导员数
	(X3)产出系统	(X31)体育参与指标	(X311)体育人口的人口比例
		(X32)居民体质健康指标	(X323)城镇居民体质综合指数
			(X324)农村居民体质综合指数
			(X325)人口平均预期寿命

6)“AHP”法与指标权重的生成步骤。

“AHP”法不仅是一种决策方法，而且提供了三种研究方法：一是系统的层次结构分析法，二是两两相对比较的1—9标度法，三是排序权重生成方法。在前文中我们使用了系统的层次结构分析法完成了对指标体系进行了构建，这里将采用后两种研究方法来生成指标体系的各指标权重。主要通过以下几个步骤来生成指标权重：

（1）构造两两比较判断矩阵。

建立递阶层次结构以后，上下层次之间元素的隶属关系就被确定了。假定以上一层元素 C_k 为准则，所支配的下一层次为 A_1，A_2，A_3，…，A_n，构造判断矩阵的方法是针对准则 C_k，从而形成层次判断矩阵，如图7。对这 n 个元素根据经验进行两两比较，确定 A_i 与 A_j 相对于准则 C_k 哪个更重要，重要多少，并按1—9比例标度法对重要性赋值，赋值结果如表5所示，而比较结果也可以通过判断矩阵（见图7）表示。

C_k	A_1	A_2	$\cdots$	A_n
A_1	α_{11}	α_{12}	$\cdots$	α_{1n}
A_2	α_{21}	α_{22}	$\cdots$	α_{2n}
$\vdots$	$\vdots$	$\vdots$	$\ddots$	$\vdots$
A_n	α_{n1}	α_{n2}	$\cdots$	α_{nn}

$$A=\begin{pmatrix}\alpha_{11} & \alpha_{12} & \cdots & \alpha_{1n}\\ \alpha_{21} & \alpha_{22} & \cdots & \alpha_{2n}\\ \vdots & \vdots & \ddots & \vdots\\ \alpha_{n1} & \alpha_{n2} & \cdots & \alpha_{nn}\end{pmatrix}$$

图7　层次判断矩阵

表5　α_{ij}取值的1—9尺度

尺度	含义
1	α_i 比 α_j 的影响相同
3	α_i 比 α_j 的影响稍强
5	α_i 比 α_j 的影响强
7	α_i 比 α_j 的影响明显强
9	α_i 比 α_j 的影响绝对强
2、4、6、8	α_i 比 α_j 的影响之比在上述两个相邻等级之间
上列各数倒数	若元素 i 与元素 j 相比较的判断为 α_{ij}，则元素 j 与元素 i 相比较的判断 $\alpha_{ji}=1/\alpha_{ij}$

表中标度1、3、5、7、9、2、4、6、8，还有各数的倒数等，它们都是数值意义上的数字，而不是顺序意义上的数字。这些数字是根据人们进行定性分析的直觉和判断力而确定的，运用1—9标度可以比较好地将思维判断数量化。

对于具有完全一致性的判断矩阵 $A=\left\{a_{ij}\right\}nn$ 具有如下特性：

①$a_{ij}>0$，②$\alpha_{ij}=1/\alpha_{ji}$，③$\alpha_{ii}=1$。

（2）一致性检验。

“AHP”法并不要求判断矩阵具有完全的一致性，这是由客观事物的复杂性与人的认识的多样性所决定的。但判断矩阵既然是计算排序权向量的根据，那么，要求判断矩阵具有大体的一致性是应该的。为此，需要对判断矩阵的一致性进行检验。判断矩阵一致性检验的主要工作是计算判断矩阵最大特征根。

特征根的含义是：

设A为n阶矩阵，λ是一个数，如果方程：

$$AX=\lambda X \quad (1)$$

存在非零解向量（$n*l$阶矩阵），则称λ为A的一个特征根，相应的非零解向量X成为与特征根λ对应的特征向量。

将上式改写成：$(\lambda I-A)X=0$　　（2）

这一矩阵方程存在非零解的条件为系数行列式等于零，即：

$$\left|(\lambda I - A)\right|=0 \quad (3)$$

这里I是单位矩阵，A是我们得到的判断矩阵，只有一个未知数λ，所以方程可解，即可求出矩阵A的λ_{max}。

根据矩阵理论，判断矩阵在满足上述完全一致性条件下，可从数学上证明。n阶判断矩阵具有唯一非零的、也是最大的特征根$\lambda_{max}=n$，且除此之外，其余特征根均为零。当判断矩阵不能保证具有完全一致性时，相应判断矩阵的特征根也将发生变化，这样就可以利用判断矩阵特征根的变化来检查判断的一致性程度。在“AHP”法中引入判断矩阵的一致性指标，来检查人们判断思维的一致性。一致性指标可记作CI，即：

$$CI=\frac{\lambda_{max} - n}{n - 1} \quad (4)$$

CI值越大，表明判断矩阵偏离完全一致性越厉害；CI值越小，表明判断矩阵越接近于完全一致性。一般判断矩阵的阶数n越大，人为造成偏离完全一致性的指标CI便越大，n越小，人为造成的偏离也越小。

对于多阶判断矩阵，还需引入判断矩阵的平均随机一致性指标，可记作RI。对于$n=1$—15阶判断矩阵的RI值，其数值如表6所示。

表6 随机一致性指标RI的数值

维度	1	2	3	4	5	6	7	8	9	10	11	12	13	14	15
RI	0	0	0.52	0.89	1.12	1.26	1.36	1.41	1.46	1.49	1.52	1.54	1.56	1.58	1.59

当$n<3$时，判断矩阵永远具有完全一致性。判断矩阵的一致性指标CI与同阶平均随机一致性指标RI之比称为随机一致性比率，记作CR，即：

$$CR=\frac{CI}{RI} \qquad (5)$$

一般规定，当$CR<0.1$时，便认为判断矩阵具有满意的一致性。否则，就需要调整判断矩阵，使其满足$CR<0.1$，从而使它具有满意的一致性。

（3）计算权重。

前面所列出的判断矩阵A，是针对上一层次进行两两比较的定量描述，层次单排序就是根据判断矩阵求出他们对于准则C_k的相对权重w_1，w_2，…，w_n。用判断矩阵计算权重的方法主要有和积法、方根法、对数最小二乘法、特征根法等。本研究采用和积法。

和积法的计算思路是，将判断矩阵按列相加归1，然后按行相加除以判断矩阵的维数n即得到各个指标的权重。具体的计算步骤是：

①将判断矩阵A按列归1，即将判断矩阵按列相加得到该列向量之和，然后将每个元素除以所在列的列向量之和，这样得到一个按列归1后的新的矩阵A'。

②将A'按行相加，得到一个列向量A''。

③将A''每个元素除以判断矩阵A的维数n即得到各指标的权重。

用公式表示为：

$$w_i=\frac{1}{n}\times\sum_{j=1}^{n}\frac{a_{ij}}{\sum_{k=1}^{n}a_{kj}} \quad (i,\ j,\ k=1,\ 2,\ \cdots,\ n) \qquad (1)$$

用上述方法我们可以得到各层元素对其上层元素的权重，但我们最终要得到的是各元素对于总目标的相对权重，特别是要得到最底层各指标对于总目标的权重，这一过程就是层次总排序，即将最底层的权重与各中间层权重合成，形成对总目标的权重。这一过程需要从层次结构的顶层开始，逐步向下层合成。

7）各指标权重的生成。

根据“AHP”法提供的生权方法，本研究需要对各层的各项指标进行两两重要性比较。为了获得最终的统一数据，我们依旧采用两轮“Delphi”法。在对20

名专家的咨询中，专家对各层各项指标的两两重要性比较用标度1、3、5、7、9、2、4、6、8，还有各数的倒数以实现思维判断数量化。通过表7和表8，从协调系数数据来看，第二轮的三项协调系数均高于第一轮，除社会环境系统的协调系数处在0.5左右外，其他两个系统的协调系数都非常高。这些说明专家意见的协调性较好，可信度较高，结果可取。从变异系数数据来看，第二轮的变异系数明显小于第一轮的变异系数，专家对各指标的评价趋向集中，即专家对各指标的协调度较高，从而我们可以获得相对统一的重要性比较值。同时为了获得重要性比较确定值，该值以接近第二轮各指标的重要性比较均值的1、3、5、7、9、2、4、6、8，和各数的倒数为准。各指标重要性比较确定值见表8，其形成的各层判断矩阵见表9、表11、表13、表15，各层各指标权重分配见表10、表12、表14、表16，我国群众体育发展评价指标体系各层各指标总权重分配见表17。

表7　专家意见协调系数

指标	重要性比较			
	第一轮		第二轮	
	协调系数	x^2	协调系数	x^2
社会环境系统	0.1486	0.50	0.4189	1.40*
投入系统	0.8763	4.38*	0.9041	4.52*
产出系统	1	3.33*	1	3.33*

注：*表示P≤0.05，本研究只对指标层中的指标进行了专家意见协调系数分析。

表8　两轮专家咨询指标结果

指标	第一轮			第二轮			重要性比较确定值
	均值	标准差	变异系数	均值	标准差	变异系数	
X1/X2	0.65	0.41	0.63	0.55	0.24	0.44	1/2
X1/X3	0.65	0.41	0.63	0.53	0.21	0.40	1/2
X2/X3	1.10	0.42	0.38	0.95	0.15	0.16	1
X11/X12	0.97	0.60	0.62	0.93	0.45	0.48	1
X11/X13	0.94	0.44	0.46	0.92	0.35	0.38	1
X12/X13	0.99	0.50	0.50	0.98	0.41	0.42	1
X21/X22	1.15	0.54	0.47	1.08	0.44	0.41	1
X21/X23	5.50	1.36	0.25	5.75	1.16	0.20	6
X21/X24	2.50	1.05	0.42	2.80	0.89	0.32	3

续表

指标	第一轮			第二轮			重要性比较确定值
	均值	标准差	变异系数	均值	标准差	变异系数	
X22/X23	5.35	1.14	0.21	5.90	0.64	0.11	6
X22/X24	2.55	0.76	0.30	2.85	0.59	0.21	3
X23/X24	0.40	0.23	0.58	0.45	0.21	0.46	1/2
X31/X32	1.13	0.56	0.50	1.03	0.47	0.46	1
X112/X113	1.03	0.47	0.46	0.95	0.32	0.34	1
X121/X122	1.93	0.91	0.47	2.08	0.77	0.37	2
X131/X134	1.24	0.76	0.61	1.04	0.47	0.45	1
X211/X212	0.18	0.04	0.20	0.19	0.03	0.17	1/5
X211/X213	0.26	0.10	0.39	0.24	0.08	0.33	1/4
X212/X213	1.80	0.62	0.34	1.95	0.39	0.20	2
X221/X222	2.05	0.69	0.33	2.15	0.49	0.23	2
X323/X324	1.00	0.00	0.00	1.00	0.00	0.00	1
X323/X325	2.85	0.67	0.24	2.95	0.39	0.13	3
X324/X325	2.85	0.67	0.24	2.95	0.39	0.13	3

表9 基准层各指标重要性比较

指标	X1	X2	X3
X1	1	1/2	1/2
X2	2	1	1
X3	2	1	1

表10 基准层各指标权重分配

指标	基准层内权重(%)	总权重(%)
X1	20	20
X2	40	40
X3	40	40

$CR=0$

表 11 社会环境系统各层各指标判断矩阵

指标	X11	X12	X13	X112	X113	X121	X122	X131	X134
X11	1	1/2	1/2	–	–	–	–	–	–
X12	2	1	1	–	–	–	–	–	–
X13	2	1	1	–	–	–	–	–	–
X112	–	–	–	1	1	–	–	–	–
X113	–	–	–	1	1	–	–	–	–
X121	–	–	–	–	–	1	2	–	–
X122	–	–	–	–	–	1/2	1	–	–
X131	–	–	–	–	–	–	–	1	1
X134	–	–	–	–	–	–	–	1	1

表 12 社会环境系统指标权重分配

指标	指标层内权重(%)	子基准层内权重(%)	总权重(%)
X11	–	33.3	6.66
X12	–	33.3	6.66
X13	–	33.3	6.66
X112	50	16.7	3.33
X113	50	16.7	3.33
X121	66.7	22.2	4.45
X122	33.3	11.1	1.11
X131	50	16.7	3.33
X134	50	16.7	3.33

$CR_{X11}=0$ $CR_{X12}=0$ $CR_{X13}=0$

表 13 投入系统指标判断矩阵

指标	X21	X22	X23	X24	X211	X212	X213	X221	X222	X231	X241
X21	1	1	6	3	–	–	–	–	–	–	–
X22	1	1	6	3	–	–	–	–	–	–	–
X23	1/6	1/6	1	1/2	–	–	–	–	–	–	–

续 表

指标	X21	X22	X23	X24	X211	X212	X213	X221	X222	X231	X241
X24	1/3	1/3	2	1	–	–	–	–	–	–	–
X211	–	–	–	–	1	1/5	1/4	–	–	–	–
X212	–	–	–	–	5	1	2	–	–	–	–
X213	–	–	–	–	4	1/2	1	–	–	–	–
X221	–	–	–	–	–	–	–	1	2	–	–
X222	–	–	–	–	–	–	–	1/2	1	–	–
X231	–	–	–	–	–	–	–	–	–	1	–
X241	–	–	–	–	–	–	–	–	–	–	1

表 14　投入系统指标权重分配

指标	指标层内权重(%)	子基准层内权重(%)	总权重(%)
X21	–	40	16
X22	–	40	16
X23	–	6.67	2.67
X24	–	13.33	5.33
X211	9.8	3.92	1.57
X212	56.8	22.72	9.09
X213	33.4	13.36	5.34
X221	66.7	26.68	10.67
X222	33.3	13.32	5.33
X231	100	6.67	2.67
X241	100	13.3	5.33

$CR_{X21}=0$　　$CR_{X22}=0.012$　　$CR_{X23}=0$　　$CR_{X24}=0$

表 15　产出系统指标判断矩阵

指标	X31	X32	X311	X323	X324	X325
X31	1	1	–	–	–	–
X32	1	1	–	–	–	–

续 表

指标	X31	X32	X311	X323	X324	X325
X311	–	–	1	–	–	–
X323	–	–	–	1	1	3
X324	–	–	–	1	1	3
X325	–	–	–	1/3	1/3	1

表 16 产出系统各层各指标权重分配

指标	指标层内权重(%)	子基准层内权重(%)	总权重(%)
X31	–	50	20
X32	–	50	20
X311	100	50	20
X323	42.9	21.45	8.58
X324	42.9	21.45	8.58
X325	14.2	7.1	2.84

$CR_{X31}=0$　$CR_{X32}=0$

表 17 我国群众体育发展评价指标体系指标总权重分配

目标层	总权重(%)	准则层	总权重(%)	子准则层	总权重(%)	指标层	总权重(%)
我国群众体育发展评价指标体系	100	(X1)社会环境系统	20	(X11)经济支持指标	6.66	(X112)人均GDP	3.33
						(X113)农民居民人均可支配收入/城镇居民人均可支配收入	3.33
				(X12)社会支持指标	6.66	(X121)城市化	4.45
						(X122)服务业增加值增长率	1.11
				(X13)文化支持指标	6.66	(X131)一般公共预算教育费占一般公共预算支出比例	3.33
						(X134)固定互联网入户数	3.33

续　表

目标层	总权重（%）	准则层	总权重（%）	子准则层	总权重（%）	指标层	总权重（%）
		（X2）投入系统	40	（X21）群众体育财力资源投入指标	16	（X211）人均公共场地面积	1.57
						（X212）体育彩票销售额	9.09
						（X213）人均体育消费支出增长率	5.34
				（X22）群众体育物力资源投入指标	16	（X221）人均公共体育场地面积	10.67
						（X222）每万人拥有体育社会组织数	5.33
				（X23）群众体育信息资源投入指标	2.67	（X231）每万人在体育类核心期刊发表的论文篇数	2.67
				（X24）群众体育人力资源投入指标	5.33	（X241）每千人拥有社会体育指导员数	5.33
		（X3）产出系统	40	（X31）体育参与指标	20	（X311）体育人口的人口比例	20
				（X32）居民体质健康指标	20	（X323）城镇居民体质综合指数	8.58
						（X324）农村居民体质综合指数	8.58
						（X325）人口平均预期寿命	2.84

第四章　我国群众体育发展评价实证研究

在本研究中，群众体育发展评价实际上是对群众体育系统发展状态的评价。基于资源配置理论和自组织理论的群众体育系统是由社会环境系统、投入系统、产出系统三个子系统组成。针对于评价这样一个群众体育系统状态，必须要借鉴群众体育资源配置理论。群众体育系统状态需要系统行为来体现，而群众体育资源配置系统状态的评价可以通过资源配置行为来衡量。对群众体育资源配置系统的配置行为的理解是从静态和动态两个方面来进行的，而对群众体育资源配置系统的配置行为的评价或效益评价应从两个方面——能力评价和效率评价来进行的。前者更多指的是一种量的累积，强调的是绝对量的提升。后者指一种投入产出之比，强调的是相对量的提高，注重效率的提升。可见，真正的群众体育发展应该是一种建立在效率提高基础上的能力提升，这样才具有可持续性和竞争力。

第一节　我国各省群众体育发展的整体能力评价

群众体育投入系统与产出系统的结构和功能特点，特别是它们的结构和功能完备程度决定了群众体育配置主体的资源配置行为能力状况，也体现了群众体育资源配置主体实施发展群众体育的能力。由于社会环境系统对群众体育系统的巨大作用，所以，本研究将投入系统、产出系统与社会环境系统一起构成群众体育发展整体能力的重要观测指标。群众体育发展整体能力是以绝对量的方式展现群众体育系统的社会环境系统、投入系统和产出系统的整体发展状况。它不仅是实现群众体育发展目标的重要标志，也是群众体育发展实力强弱的重要体现。本研究已经通过“AHP法”获得了我国群众体育发展评价指标体系和各指标的权重，后面我们将采用指标赋值和指数合成两个步骤对我国各省群众体育发展的整体能力进行评价。

1.指标赋值

1）指标去量纲。

多指标综合评价的特点之一就是从不同的侧面选取指标来全面反映评价对象的状况。由于社会经济现象的复杂性，所用指标的量纲往往差异巨大，不能直接综合在一起。这种异量纲性严重影响了对事物的整体评价，多指标综合评价的重要工作之一就是要根据被评价事物的具体情况来选取合适的无量纲化公式，以便不同的指标能够综合建立较为客观的评价函数。

无量纲化有时也叫数据的标准化。它是通过数学变化来消除原始变量（指标）量纲影响的方法。从理论上说，无量纲方法可以有很多种，但概括起来，无非三大类：直线型方法、折线型方法和曲线型方法。本研究采用直线型方法。直线型无量纲化方法在将指标实际值转化为无量纲值时假定二者之间呈线性关系，指标实际值变化导致无量纲评价值一个相应比例的变化。直线型无量纲化方法主要有阈值法、Z评分法和比例法等。其中，应用最多的是阈值法，基本思路是指标值与阈值之比。常用的阈值法是最大值和最小值，换算公式较多，本研究采用以下公式对指标数据进行无量纲处理：

$$y_i = \frac{x_i - \min(x_i)}{\max(x_i) - \min(x_i)} \quad (1)$$

2）各省指标具体数据与标准化数据。

本研究对15个省的各项指标数据进行收集，考虑到群众体育发展的投入和产出不同步，部分指标数值以最近三年的平均值来体现，见表1。大部分采用2019年的数据，一部分数据采用其他相近年份数据进行了替代，具体见表2。同时为了合理对各省的群众体育发展进行评价，我们需要消除原始指标量纲的影响。因此，对原始数据必须采用无量纲化处理，实现数据的标准化，见表3。

表 1 我国各省群众体育发展评价指标体系各指标具体数据

地区	X112	X113	X121	X122	X131	X134	X212	X213	X221	X222	X231	X241	X311	X323	X324	X325
北京	164220	0.39	86.6	6.40	15.19	688.50	731884.35	7.8	2.45	5.8	4.92	2.8	50.18	104.6	99.7	82.31
上海	157300	0.45	88.1	13.30	11.73	944.99	430603.26	8.8	2.35	0.59	3.10	2.5	45.7	107.3	109.89	83.66
天津	90300	0.54	83.5	5.90	13.13	523.60	328796.36	12.9	2.35	3.2	1.68	2.6	45	100.6	100.08	81.79
江苏	123607	0.44	70.6	6.60	17.5	3585.70	2273294.99	15.2	3.15	1.44	0.29	3.5	40.3	103.5	100.9	78.12
广西	42900	0.39	51.1	6.20	17.24	1447.00	250518.25	5.76	2.01	0.47	0.15	1.74	39.8	97.49	101.62	77.03
吉林	43475	0.46	58.3	3.30	12.64	618.30	383250.38	11.2	1.96	3.32	0.45	2.17	36.9	99.61	99.09	76.18
湖南	57540	0.39	57.2	8.10	15.86	1873.80	621120.79	6.3	1.68	0.38	0.38	1.51	38.51	97.88	98.83	77.1
江西	53164	0.43	57.4	9.00	17.74	1448.80	674529.55	11.7	1.88	0.49	0.24	1.86	37.2	102.2	104.34	76
河南	56388	0.44	53.2	7.40	17.45	2437.87	1624323.87	10	2	0.74	0.26	2.9	36.5	99.68	100.64	77.5
重庆	75828	0.40	66.8	6.40	15.06	1372.41	560006.38	10.8	1.84	0.2	0.38	2.5	47.65	101.7	99.21	77.85
四川	55774	0.41	54	8.50	15.4	2811.80	893138.42	13.4	1.52	0.63	0.23	2.4	31.5	100	97.11	77.1
甘肃	32995	0.30	48.5	7.20	16.1	870.70	342471.73	4.7	1.72	1	0.16	3.3	35.97	99.68	98.29	73.92
贵州	46433	0.31	49	7.80	17.85	732.00	468494.77	9.2	1.63	0.38	0.08	0.42	21.52	95.16	95.18	77.3
湖北	77387	0.44	61	7.80	14.32	1708.32	1059591.61	12.4	1.95	0.37	0.50	2.14	32.90	101.9	102.28	77.3
西藏	48902	0.35	31.5	9.20	11.96	91.40	97551.48	13.3	1.6	0.73	0.18	1.58	28.4	93.62	94.51	70.6

表2 数据来源

指标	数据来源	备注
X112	2019年各省统计年鉴	
X113	2019年各省统计年鉴	
X121	2019年各省统计年鉴	
X122	2019年各省统计年鉴	
X131	2019年全国教育经费执行情况统计表	
X134	2019年各省统计年鉴	
X212	2019年12月全国各地区彩票销售情况表	
X213	2019年各省统计年鉴	
X221	各省“十三五”体育公报	江苏省取全民健身工作部门联席会议数据
X112	2019年各省统计年鉴	
X113	2019年各省统计年鉴	
X121	2019年各省统计年鉴	
X222	各省“十三五”体育公报	甘肃省取兰州市数据
X231	中国知网	
X241	各省“十三五”体育公报	贵州省取2012年数据
X311	各省“十三五”体育公报	
×323	2014年国民体质监测公报	

表3 我国各省群众体育发展评价指标体系各指标标准化数据

地区	X112	X113	X121	X122	X131	X134	X212	X213	X221	X222	X231	X241	X311	X323	X324	X325
北京	1. 0000	0. 3910	0. 9735	0. 3100	0. 5654	0. 1709	0. 2915	0. 2944	0. 5706	1. 0000	1. 0000	0. 7727	1. 0000	0. 8044	0. 3375	0. 8966
上海	0. 9473	0. 6378	1. 0000	1. 0000	0. 0000	0. 2443	0. 1531	0. 3894	0. 5092	0. 0696	0. 6241	0. 6753	0. 8437	1. 0000	1. 0000	1. 0000
天津	0. 4367	1. 0000	0. 9184	0. 2600	0. 2288	0. 1237	0. 1063	0. 7787	0. 5092	0. 5357	0. 3306	0. 7078	0. 8193	0. 5092	0. 3622	0. 8568
江苏	0. 6905	0. 6095	0. 6908	0. 3300	0. 9428	1. 0000	1. 0000	1. 0000	1. 0000	0. 2214	0. 0442	1. 0000	0. 6553	0. 7231	0. 4155	0. 5758
广西	0. 0755	0. 3989	0. 3461	0. 2900	0. 9003	0. 3879	0. 0703	0. 1007	0. 3006	0. 0482	0. 0142	0. 4286	0. 6378	0. 2835	0. 4623	0. 4923
吉林	0. 0799	0. 6858	0. 4730	0. 0000	0. 1487	0. 1508	0. 1313	0. 6173	0. 2699	0. 5571	0. 0758	0. 5682	0. 5366	0. 4388	0. 2978	0. 4273
湖南	0. 1870	0. 3689	0. 4544	0. 4800	0. 6748	0. 5101	0. 2406	0. 1519	0. 0982	0. 0321	0. 0614	0. 3539	0. 5928	0. 3121	0. 2809	0. 4977
江西	0. 1537	0. 5599	0. 4576	0. 5700	0. 9820	0. 3885	0. 2652	0. 6648	0. 2209	0. 0511	0. 0338	0. 4675	0. 5471	0. 6315	0. 6391	0. 4135
河南	0. 1783	0. 6063	0. 3836	0. 4100	0. 9346	0. 6715	0. 7017	0. 5033	0. 2945	0. 0964	0. 0373	0. 8052	0. 5227	0. 4440	0. 3986	0. 5283
重庆	0. 3264	0. 4209	0. 6237	0. 3100	0. 5441	0. 3666	0. 2126	0. 5793	0. 1963	0. 0000	0. 0617	0. 6753	0. 9117	0. 5919	0. 3056	0. 5551
四川	0. 1736	0. 4496	0. 3975	0. 5200	0. 5997	0. 7785	0. 3657	0. 8262	0. 0000	0. 0768	0. 0320	0. 6429	0. 3482	0. 4703	0. 1691	0. 4977
甘肃	0. 0000	0. 0000	0. 3002	0. 3900	0. 7141	0. 2230	0. 1126	0. 0000	0. 1227	0. 1429	0. 0163	0. 9351	0. 5042	0. 4440	0. 2458	0. 2542
贵州	0. 1024	0. 0615	0. 3095	0. 4500	1. 0000	0. 1833	0. 1705	0. 4274	0. 0675	0. 0321	0. 0000	0. 0000	0. 0000	0. 1128	0. 0436	0. 5130
湖北	0. 3383	0. 5753	0. 5212	0. 4500	0. 4232	0. 4627	0. 4422	0. 7350	0. 2638	0. 0304	0. 0875	0. 5584	0. 3971	0. 6029	0. 5052	0. 5130
西藏	0. 1212	0. 2013	0. 0000	0. 5900	0. 0376	0. 0000	0. 0000	0. 8167	0. 0491	0. 0946	0. 0206	0. 3766	0. 2401	0. 0000	0. 0000	0. 0000

2. 指数合成

在多指标综合评价中，合成是指通过一定的算式将多个指标对事物不同方面的评价值综合在一起，以得到一个整体性的评价。可用于合成的数学方法较多，常用的有线性加权和合成法、乘法合成法、加乘混合合成法等。其中最常用的是线性加权和合成法，本研究也采用这一合成方法。线性加权和合成法是多指标综合评价指数合成最常用的方法，其计算公式为：

$$y=\sum_{i=1}^{n} w_i y_i \quad (1)$$

式中，y 表示合成指数，y_i 为指标标准值，w_i 为指标权重。也就是说线性加权和合成法就是指标体系中各项指标标准值与其权重的乘积之和。

发展评价指数和排名情况是对群众体育发展整体能力评价的两个重要观察点。本研究将通过 $\sum_{i=1}^{n} w_i y_i$，最终得到各省的群众体育发展评价指数和排名情况。它不仅以绝对量的方式展现了各省群众体育发展的整体能力状况，而且也完成了对群众体育资源配置系统的配置行为静态方面的评价。评价结果见表7。

3. 我国各省群众体育发展的整体能力评价分析

1）我国各省群众体育社会环境系统差距分析。

表4反映了我国各地区群众体育发展评价指标体系各指标标准化数据的平均值。表5是在表4基础上对我国东部地区与中、西部地区某一个指标标准化数据的平均值进行比较而获得。表6是在表5基础上从“东、中部地区平均比值”“东、西部地区平均比值”“东、中西部地区平均比值”三个维度出发对社会环境系统、投入系统、产出系统中各指标标准化数据的平均比值进行平均处理而获得。通过表5、表6，从我国东部地区与中西部地区群众体育社会环境系统的各项指标标准化数据比值和平均比值来看，最小比值为0.9103，最大比值为15.4010，平均比值为3.88，说明东部地区群众体育投入系统中除了“人均体育消费支出增长率”“体育彩票销售额”指标外均明显优于中西部地区。而东部地区与中、西部地区群众体育投入系统的各项指标标准化数据平均比值分别为2.49和5.28，因此在社会环境系统方面，中部地区整体要优于西部地区。

2）我国各省群众体育投入系统差距分析。

从我国东部地区与中西部地区群众体育投入系统的各项指标标准化数据比值和平均比值来看，最小比值为1.2148，最大比值为3.3736，平均比值为1.90，说明东部地区群众体育产出系统整体优于中西部地区。但值得注意的是通过对表6中“东、中西部地区平均比值”数据的分析，发现相对于社会环境系统和投入系统，产出系统的“东、中西部地区平均比值”下降很多，说明中西部地区与东部地区在产出系统的差距减少了。通过表6，东部地区与中、西部地区群众体育产出系统的各项指标标准化数据平均比值分别为1.43和2.37，因此在投入系统方面，中部地区依旧要优于西部地区。

3）我国各省群众体育产出系统差距分析。

从我国东部地区与中西部地区群众体育产出系统的各项指标标准化数据比值和平均比值来看，最小比值为1.1163，最大比值为3.1247，平均比值为2.24，说明东部地区群众体育产出系统整体优于中西部地区。但值得注意的是通过对表6中“东、中西部地区平均比值”数据的分析，发现相对于社会环境系统和投入系统，产出系统的“东、中西部地区平均比值”下降很多，说明中西部地区与东部地区在产出系统的差距减少了。通过表6，东部地区与中、西部地区群众体育产出系统的各项指标标准化数据平均比值分别为1.78和2.69，因此在投入系统方面，中部地区依旧要优于西部地区。

4）我国各省群众体育发展的整体能力差距分析。

通过表7和表8，从我国各地区整体能力的总指数和、平均指数来看，东部地区分别是中部、西部地区的1.42倍和2.07倍。而中西部地区各省在排名方面纷纷落后于东部地区，中西部地区总排名和平均排名分别是东部地区的2.10倍、2.90倍。从各省之间的整体能力评价指数来看，最低为贵州省，评价指数为0.143；最高的是江苏省，评价指数为0.720，是贵州省的5.03倍。从表9所显示的各项指标的最大值/最小值比值数据来看，最低为1.15倍，最高为62.88倍，并且各项指标最大值大多产生于东部地区，最小值大多来自于中西部地区。可见我国群众体育发展的整体能力和各项指标都呈现出东部地区强，中西部地区逐渐减弱的态势。因此，我国群众体育发展正处于非均衡发展状态中。

表 4 我国各地区群众体育发展评价指标体系各指标标准化数据平均值

指标	X112	X113	X121	X122	X131	X134	X212	X213	X221	X222	X231	X241	X311	X323	X324	X325
东部地区	0.6300	0.6074	0.7858	0.4380	0.5275	0.3854	0.3242	0.5126	0.5779	0.3750	0.4026	0.7169	0.7912	0.6640	0.5155	0.7643
中部地区	0.1874	0.5592	0.4580	0.3820	0.6327	0.4367	0.3562	0.5345	0.2294	0.1534	0.0592	0.5506	0.5193	0.4859	0.4243	0.4760
西部地区	0.1447	0.2266	0.3262	0.4520	0.5791	0.3103	0.1723	0.5299	0.0871	0.0693	0.0261	0.5260	0.4008	0.3238	0.1528	0.3640

表 5 我国东部地区与中、西部地区各指标标准化数据比值

指标	X112	X113	X121	X122	X131	X134	X212	X213	X221	X222	X231	X241	X311	X323	X324	X325
东部地区/中部地区	3.3612	1.0862	1.7158	1.1466	0.8337	0.8824	0.9103	0.9591	2.5187	2.4441	6.8052	1.3019	1.5237	1.3667	1.2148	1.6059
东部地区/西部地区	4.3530	2.6802	2.4089	0.9690	0.9108	1.2419	1.8823	0.9674	6.6338	5.4124	15.4010	1.3630	1.9739	2.0507	3.3736	2.0997

表 6 社会环境系统、投入系统、产出系统的我国东部地区与中、西及中西部地区指标标准化数据平均比值

指标	社会环境系统	投入系统	产出系统
东、中部地区平均比值	1.50	2.49	1.43
东、西部地区平均比值	2.09	5.28	2.37
东、中西部地区平均比值	1.80	3.88	1.94

表7 我国各省群众体育发展的整体能力评价

省份	指数合成$\sum_{i=1}^{n} w_i y_i$	排名	地区分布
北京	0.670	2	东部地区
上海	0.634	3	东部地区
天津	0.553	4	东部地区
江苏	0.720	I	东部地区
广西	0.354	10	东部地区
黑龙江	0.380	9	中部地区
吉林	0.333	12	中部地区
湖南	0.444	7	中部地区
江西	0.474	6	中部地区
河南	0.427	8	中部地区
陕西	0.354	11	西部地区
四川	0.298	13	西部地区
甘肃	0.143	15	西部地区
重庆	0.476	5	西部地区
贵州	0.146	14	西部地区

表8 东、中、西部地区群众体育发展整体能力评价

地区分布	总指数和	平均指数	总排名	平均排名
东部地区	2.931	0.586	20	4
东部地区	2.058	0.412	42	8.4
西部地区	1.417	0.283	58	11.6

表9 各指标最大值、最小值及最大值/最小值统计

指标	最大值	最小值	最大值/最小值
X112	164220.00	32995.00	4.98
X113	0.54	0.30	1.81
X121	88.10	31.50	2.80
X122	13.30	3.30	4.03
X131	17.85	11.73	1.52

续 表

指标	最大值	最小值	最大值/最小值
X134	3585.70	91.40	39.23
X212	2273294.99	97551.48	23.30
X213	15.23	4.70	3.24
X221	3.15	1.52	2.07
X222	5.80	0.20	29.00
X231	4.92	0.08	62.88
X241	3.50	0.42	8.33
X3II	50.18	21.52	2.33
X323	107.27	93.62	1.15
X324	109.89	94.51	1.16
X325	83.66	70.60	1.18

5）社会环境系统与群众体育系统及各子系统相关性分析。

通过“SPSS 11.5”提供的皮尔逊相关系数计算软件，利用群众体育发展的整体能力评价中的数据，我们得到我国社会环境系统与群众体育系统及各子系统的相关系数。见表10可知，我国社会环境系统与群众体育系统的相关系数高达0.898，它不仅成为验证了社会环境系统是群众体育系统不可或缺的重要佐证之一，而且也凸显了我国社会环境系统对群众体育系统的巨大促进作用，从而决定了社会环境系统具有制约着中国群众体育的发展方向、规模、速度和水平的能力，这也为如何解释东部地区群众体育发展的整体能力明显高于中西部地区找到了部分原因。从社会环境系统与群众体育系统内部的相关性来看，它与“投入—产出”系统相关系数为0.853，与投入系统、产出系统的相关系数也分别0.765、0.733。以上数据充分说明我国社会环境系统已经对群众体育系统内部产生了正面影响作用，即对群众体育系统的内部结构产生了“负熵”。从目前我国群众体育发展状况来看，由于多年来我国政治、经济、文化、社会等方面的不断发展，特别是党和政府及社会各界对群众体育发展的不断重视，并从经费、物质、信息和人员等方面都逐年加大对群众体育发展的支持力度，我国群众体育获得了较快的发展，并使得我国的群众体育系统正逐渐呈现出非平衡、自稳定、有序的自组织状态。

表10　我国社会环境系统与群众体育系统及各子系统的相关系数

R	群众体育系统	投入——产出系统	投入系统	产出系统
社会环境系统	0.898**	0.853**	0.765**	0.733**

注：**表示 P≤0.01

第二节　基于“DEA”法对我国各省群众体育资源配置行为效率评价

效率是能力提升的前提和基础，对能力提升起支撑作用。只有建立在高效的群众体育资源配置基础上的能力建设才是集约型的能力建设，才具有可持续性和竞争力。所以，配置效率的评价在群众体育资源配置行为的评价中处于基础性的核心地位。

1.多指标评价的“*DEA*”模型——c^2R模型

为了方便说明“*DEA*”的有效性判定，我们有n个被评价的同类部门，称为决策单元“*DMU*”，每个决策单元都有m种输入及s种输出，如图1所示。其中x_{ij}表示第j个“*DMU*”对第i种输入的投入量，$x_{ij}>0$；y_{ij}表示第j个“*DMU*”对策r种输出的产出量，$y_{ij}>0$；v_i表示第i种输入的一种度量（或称“权”）；u_r种输出的一种度量（或称“权”），$i=1,\cdots,m$；$j=1,\cdots,n$；$r=1,\cdots,s$。x_{ij}，y_{rj}为已知数据；v_i，u_r变量。

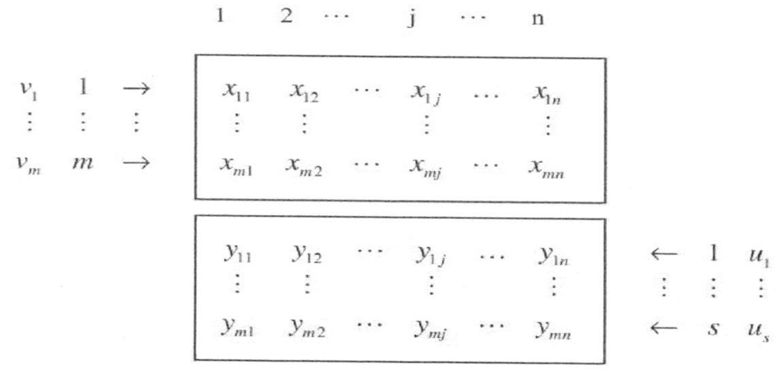

图1　n个*DMU*的输入输出

对应于一组权系数：$v=(v_1,\cdots,v_m)^T$，$u=(u_1,\cdots,u_s)^T$

每个决策单元都有相应的效率评价指数：

$$h_j=\frac{u^T y_j}{v^T x_j}=\frac{\sum_{r=1}^{s} u_r y_{rj}}{\sum_{r=1}^{m} v_i x_{ij}} \qquad j=1,\cdots,n \qquad (1)$$

其中 $x_j=(x_{1j},x_{2j},\cdots,x_{mj})^T$ $y_j=(y_{1j},y_{2j},\cdots,y_{sj})^T$，$j=1$，$\cdots$，$n$。现在，对第$j_o$个决策单元进行效率评价（$1<j_o<n$），以权系数$v$和$u$为变向量，以第$j_o$个决策单元的效率指数为目标，以所有的决策单元的效率指数为约束，即使其满足$h_j\leqslant 1$，$j=1$，$\cdots$，n。

构建如下的最优化模型（为方便起见，我们将进行如下的替换$x_o=x_{j_o}$，$y_o=y_{j_o}$）。它的向量形式是：

$$(P)\begin{cases} \max \dfrac{u^T y_o}{v^T x_o} \\ s.t. \dfrac{u^T y_j}{v^T x_j} \leqslant 1 \quad j=1,2,\cdots,n \\ v \geqslant 0 \\ u \geqslant 0 \end{cases} \qquad (2)$$

其(P)转化成一个等价的线性规划（P_{c^2R}）

$$(P_{c^2R})\begin{cases} \max h_{jo}=\mu^T y_o, \\ s.t.\ \omega^T x_j-\mu^T y_j \geqslant 0,\ j=1,2,\cdots,n \\ \omega^T x_j \geqslant 1, \\ \omega \geqslant 0, \mu \geqslant 0, \end{cases} \qquad (3)$$

其中，$t=\dfrac{1}{v^T x_o}$，$\omega=t\cdot v$，$\mu=t\cdot u$。

其对偶规划为：

$$(D_{c^2R})\begin{cases} \min\theta, \\ s.t.\ \sum_{j=1}^{n}\lambda_j x_j \leqslant \theta x_o, \\ \sum_{j=1}^{n}\lambda_j y_j \leqslant y_o, \\ \lambda_j \geqslant 0,\ j=1,\cdots,n, \\ \theta\text{无约束}, \end{cases} \qquad (4)$$

规划（P_{c^2R}）和对偶规划（D_{c^2R}）都存在可行解，因而都有最优解。设它们的最优值分别为$h_{j_o}^*$和θ^*，则$h_{j_o}^*=\theta^*\leqslant 1$。这样我们可到两个定义：(1) 若线性规划（$P_{c^2R}$）的最优值$h_{j_o}^*=1$，则称决策单元$j_o$为弱*DEA*有效。(2) 若线性规划（$P_{c^2R}$）存在最优解$\omega^*>0$，$\mu^*>0$，并且最优值$h_{j_o}^*=1$，则称决策单元$j_o$为*DEA*有效。

应用线性规划对偶理论，我们可以通过对偶规划（D_{c^2R}）来判断DMU_{j_o}的有效性。在（$D^1{}_{c^2R}$）中，引进松弛变量s^-和剩余变量s^+，得到如下的线性规划：

$$(D^1{}_{c^2R})\quad\begin{cases}\min\theta,\\ s.t.\ \sum_{j=1}^{n}\lambda_j x_j+s^-\leqslant\theta x_o,\\ \sum_{j=1}^{n}\lambda_j y_j-s^+\leqslant y_o,\\ \lambda_j\geqslant 0,\ j=1,\cdots,n\\ s^-\geqslant 0, s^+\geqslant 0,\\ \theta\text{无约束},\end{cases}\qquad(5)$$

借助于对偶规划来判断“DMU_{j_o}”的有效性，我们有下面的基本定理。①“DMU_{j_o}”为弱“*DEA*”有效的充分必要条件是规划（$D^1{}_{c^2R}$）的最优值$\theta^*=1$。②“DMU_{j_o}”为“*DEA*”有效的充分必要条件是规划（$D^1{}_{c^2R}$）的最优值$\theta^*=1$，并且对每个最优值λ^*，$s^{*-}=0$，$s^{*+}=0$。

2.“*DMU*”在相对有效平面上的投影

如果“DMU_{j_o}”为“*DEA*”有效，对应的规划（P_{c^2R}）有最优解ω^*，μ^*，满足$\omega^*>0$，$\mu^*>0$，并且最优值$h_{j_o}^*=\mu^{*T}y_o=1$，又因$w^{*T}x_o=1$，所以有$\mu^{*T}y_o-w^{*T}x_o=0$，即点（x_o，y_o）位于超平面π：$\mu^{*T}y_o-w^{*T}x_o=0$上。可以证明：这个超平面π上的其他点所代表的决策单元也是“*DEA*”有效的。超平面π称为“*DEA*”的相对有效平面或有效生产前沿面。据此，我们可以考虑应如何改进一个非“*DEA*”有效的决策单元。

这里我们可以定义：设λ^*，s^{*-}，s^{*+}，θ^*是线性规划（D_ε）（带有非阿基米德无穷小量ε的线性规划）的最优解，令

$$\begin{cases} \hat{x}_o = \theta^* x - s^{*-} = \sum_{j=1}^{n} \lambda_j^* x_j \\ \hat{y}_o = y_o + s^{*+} = \sum_{j=1}^{n} \lambda_j^* y_j \end{cases} \quad (1)$$

称（$\hat{x}_o$，y_o）为“DMU_{j_o}”对应的（x_o，y_o）在“*DEA*”相对有效平面上的“投影”，也就是说（$\hat{x}_o$，y_o）所代表的新的“*DMU*”，相对于原来的n个“*DMU*”来说，是“*DEA*”有效（c^2R）的。

一般地，我们记

$$\Delta x_o = x_o - \hat{x}_o = (1-\theta^*) x_o + s^{*-} \geqslant 0$$

$$\Delta y_o = \hat{y}_o - y_o = s^{*+} \geqslant 0 \quad (2)$$

并分别成为输入剩余和输出亏空。“DMU_{j_o}”在“*DEA*”相对有效平面上的投影，实际上为改进非有效的“DMU_{j_o}”提供一个可行的方案，同时也指出了非有效的原因。显然，若原来的（x_o，y_o）非“*DEA*”有效，则通过对其“投影”，我们可以在不减少输出的前提下，使原来的输入有所减少（$\Delta x_o \geqslant 0$），或在不增加输入的前提下，使输出有所增加（$\Delta y_o \geqslant 0$）。

3.生成可能集

为了弄清“c^2R”模型的经济含义，我们需要研究生产可能集。设某个“*DMU*”在一项经济（生产）活动中的投入向量为$x=(x_1,\cdots,x_m)^T$，产出向量为$y=(y_1,\cdots,y_s)^T$，则可以简单地用（x，y）来表示这个“*DMU*”的整个生产活动。

我们称集$T=\{(x,y)\mid$产出y能用投入x生成出来$\}$为所有可能的生产活动构成的生成可能集。根据实际情况和研究问题方便，一般都假设生产可能集满足下面四条公理。①凸性：对任意的$(x,y)\in T$和$(x',y')\in T$，以及$\mu\in[0,1]$，有$\mu(x,y)+(1-\mu)(x',y')\in T$，即如果分别以$x$和$x'$的$\mu$和$(1-\mu)$倍之和作为新的投入，即可得到与原产出相同倍数之和的新的产出。②锥性：若$(x,y)\in T$及$k\geqslant 0$，则$k(x,y)=(kx,ky)\in T$，这表明若以原投入的k倍为新的投入，则得到原产出k倍产出的可能。③无效性：设$(x,y)\in T$，若$x'\geqslant x$，则$(x',y)\in T$；若$(y'\leqslant y)\in T$，则$(x,y')\in T$。这说明在原来生产活动的基础上增加投入或减少产出进行生成总是可能的。④最小性：生成可能集T是满足上述条件（1）~（3）的所有集的交集。在满足上述四条公理的基础上，对于已有的观测值(x_j,y_j)，$j=1$，2，$\cdots n$，可以构造生成可能集：

$$T=\left\{(x,y)\left|\sum_{j=1}^{n}\lambda_j x_j \leqslant x,\ \sum_{j=1}^{n}\lambda_j x_j \geqslant y,\lambda_j \geqslant 0, j=1,2,\cdots n\right.\right\} \quad (1)$$

同时可以将（D_{c^2R}）改写为：

$$(D_{c^2R})\ \begin{cases} \min\theta \\ (\theta x_o, y_o) \in T \end{cases} \quad (2)$$

上述对偶规划的含义是：当(x_o, y_o)为一个生产活动时，要考察相应于(x_o, y_o)的“DMU_{j_o}”的有效性，其实质是在为一个生产活动时$(\theta x_o, y_o) \in T$条件下（即产出为y_o，而投入为θx_o），追求以最小的投入获得预计的产出，即求θ的最小值。如果对偶规划（D_{c^2R}）的最优值$\theta^*<1$，说明投入即使x_o减少到$\theta^* x_o$，仍能可能产出y_o，显然DMU_{j_o}不为“DEA”有效。

4.技术有效与规模有效

在生成可能集概念的基础上，还有两个有关的概念，即：称集$L(y)=\left\{x\left|(x,y)\in T\right.\right\}$为对于$y$的投入可能集；称$P(y)=\left\{y\left|(x,y)\in T\right.\right\}$为对于$x$的产出可能集，其中$T$为生产可能集。不难看出，对固定的$y_o$，如果$x_o \in L(y_o)$且在“≥”意义下是$L(y_o)$中最小的，则表明任何再减少投入并保持产出不变的企图是无法实现的。一般地，当产出为y时，如果相应的x不可能再减少，这样的生产过程称为技术有效的。显然，在“c^2R”模型之下“DEA”有效的决策单元是技术有效的。同时，这种生产活动称为有效生产活动，而对生成可能集T，所有有效生产活动（点）(x,y)构成的R^{m+s}空间中的超曲面$y=f(x)$成为生产函数。

显然，生产函数是在一定的技术条件下，任何一组投入量与最大产出量之间的函数关系。由于生产可能集具有无效性，即实际生产中存在浪费现象，所以，通常假定生产函数中y是关于x的增函数。为了方便，这里以单投入单产出的情况来说明。一般来说，随着投入x（即生产规模）的增大，最大产出y也随之增大，生产函数为增函数；当投入x较小时，最大产出y也较小，随着x的逐渐增大，y也不断增大，并且增加速度逐渐加快；当x增加到一定程度时，y的增加速度达到最大；随着x的继续增大，y的增加速度逐渐减小，生产函数表现为“s”形的递增函数。如图2。①

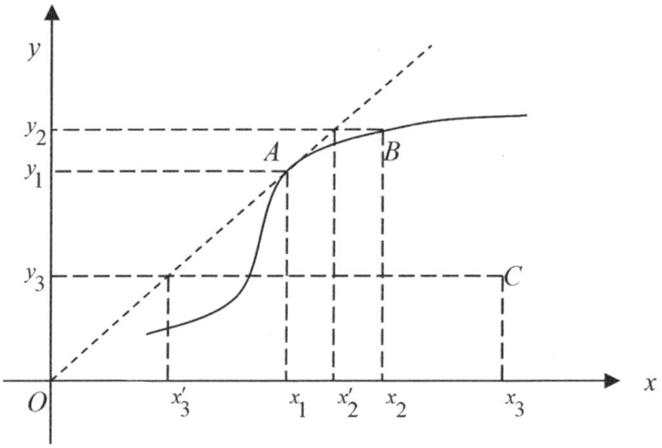

图2　生产函数与技术有效、规模有效关系图

现以单投入、单产出的生产函数为例，来阐明某些生产函数的基本概念。生产函数$y=f(x)$的一般形状如图2所示。设投入x的增量为dx，产出y的相应增量为dy，令dx/x表示投入增量的相对值，dy/y表示产出增量的相对值。定义规模效益判别式$\varphi(x)$如下

$$\varphi(x)=\frac{\frac{dy}{y}}{\frac{dx}{x}}=\frac{\frac{dy}{dx}}{\frac{y}{x}} \qquad (1)$$

显见$\varphi(x)$是生产函数上点的斜率与该点的正切之比。设$A(x_1, y_1)$为生产函数曲线的拐点，当$x \in (0, x_1)$时，$\varphi(x)>1$，规模收益递增，生产函数表现高敏感度；当$x=x_1$时，$\varphi(x)=1$，规模收益不变；当$x \in (x_1, +\infty)$时，$\varphi(x)<1$，规模收益递减，生产函数表现低敏感度。在图2中，由A、B、C所决定的生产可能集T，对DMU_A来说，要保证其产出y_1不减，其投入x_1显然不能再减少，即$\theta=1$、$s^-=0$、$s^+=0$，因而DMU_A为“DEA”有效，它既是技术有效的，也是规模有效的；对于“DMU_B”要保持其产出y_2不减，其投入还可降至x'_2，即$\theta=1$、$s^-\geqslant0$、$s^+\geqslant0$，因而“DMU_B”是技术有效而非规模有效（由生产函数含义可知，位于生产函数曲线上的点所对应的“DMU”均是技术有效）；对于“DMU_C”要保持其产出y_3不减，其投入可降至x'_3，即$\theta<1$、$s^-\geqslant0$、$s^+\geqslant0$，因而其既非技术有效也非规模有效。

① 胡永宏，贺思辉．综合评价方法[M]．北京：科学出版社，2000：151．

对于生产过程$(x_\delta, y_\delta)\in T$，若$(\beta x_\delta, \alpha y_\delta)\in T$，则$\frac{\alpha}{\beta}\leqslant 1$，称$(x_\delta, y_\delta)$为最大产出规模点。同时，我们可以得到两个定理：①若(x_δ, y_δ)为最大产出规模点，则(x_δ, y_δ)为规模效益不变。②对偶规划（D_{c^2R}）的最优值$\theta^*=1$，当且仅当DMU_o为最大产出规模点。而且我们还可用c^2R模型中λ_j的最优值来判别DMU_o的规模效益情况。结论如下：①如果存在λ_j^*（j=1，…，n）使得$\sum_{j=1}^{n}\lambda_j^*=1\Leftrightarrow DMU$为规模效益不变。②如果存在$\lambda_j^*$（$j$=1，…，$n$）使得$\sum_{j=1}^{n}\lambda_j^*>11\Leftrightarrow DMU$为规模效益递减。③如果存在$\lambda_j^*$（$j$=1，…，$n$）使得$\sum_{j=1}^{n}\lambda_j^*<1\Leftrightarrow DMU$为规模效益递增。这里我们对$DMU$的技术有效、规模有效的判别标准进行归纳，如表11。

表11 技术有效、规模有效及规模效益的判别标准

分类	技术有效、规模有效	技术有效、非规模有效		非技术有效、非规模有效
	规模效益不变	规模效益递减	规模效益递增	
判别标准	$\theta=1$、$s^-=0$	$\theta=1$、$s^-\geqslant 0$	$\theta=1$、$s^-\geqslant 0$	$\theta\neq 1$、$s^-\geqslant 0$
	$s^+=0$、$\sum_{j=1}^{n}\lambda_j^*=1$	$s^+=0$、$\sum_{j=1}^{n}\lambda_j^*>1$	$s^+=0$、$\sum_{j=1}^{n}\lambda_j^*<1$	$s^+\geqslant 0$

5.各省群众体育资源配置行为效率评价

群众体育资源配置主体的配置行为发生于群众体育资源由投入到产出的过程之中，所以，要对各省群众体育资源配置行为效率进行评价，评价指标只能来自投入系统和产出系统。因此，我们将选取我国群众体育发展评价指标体系的投入系统和产出系统中的指标作为群众体育资源配置行为效率评价指标。同时，由于计算每个决策单元的θ、s^-、s^+等参数的过程过于烦琐，本研究将使用Dea Solverer 1.0软件，所获得的评价参数见表12、表13、表14、表15。

1）我国群众体育资源配置行为效率差异分布特点。

通过表12中所反映的评价参数，可以发现15个的省群众体育资源配置行为平均θ值（效率评价指数）为0.9594，其中有10个省的θ=1，主要分布于中西部地区。从各省的群众体育资源配置行为效率评价指数与群众体育发展整体能力指数来看，说明当前我国群众体育发展整体能力较强的省份出现了群众体育资源配置行为效率下降的趋势。从东、中、西部地区的平均θ值来看，东、中、西部地区的平均θ值分别为：0.9470、0.9314、1.0000，平均排名分别为5.6、8.4、1.0，因而我国群众体育资源配置行为效率呈现出西部地区强、东、中部地区弱的情况，这与东、中部地区的群众体育发展整体能力领先于西部地区形成了巨大的反差。

2）我国群众体育资源配置行为技术有效、规模有效及规模效益分布特点。

根据技术有效、规模有效及规模效益的判别归纳表提供的判别标准，15个省中有10个省的θ=1、s^-=0、s^+=0、$\sum_{j=1}^{n}\lambda_j^*$，所以它们群众体育资源配置行为既为技术有效，又为规模有效，且为最大产出规模点。而剩余的5个省的$\theta<1$、$s^-\geq 0$、$s^+\geq 0$，所以群众体育资源配置行为既不是技术有效，又不是规模有效，并且根据表14所显示的我国各省群众体育资源配置行为的输入剩余和输出亏空表所反映的数据情况来看，群众体育发展的整体能力排名靠前的省份，它们大部分指标的输入剩余值和输出亏空值要大于整体能力排名靠后的省份，说明相对于其他10个技术有效和规模有效的省份，这些省份群众体育资源配置行为存在配置效率下降和浪费现象，而这种配置效率下降和浪费现象并与其整体能力指数保持一定的正相关。从表13和表15，对东、中、西部地区各指标的平均s^-、s^+以及输入剩余值和输出亏空值进行比较分析后发现，东部地区大部分指标的平均s^-、s^+以及输入剩余值和输出亏空值均明显高于中西部地区。这说明在群众体育资源配置行为的浪费方面，东部地区各省较为严重，而中西部地区较轻。

目前，我国群众体育发展整体能力较强的省份出现了群众体育资源配置行为效率下降和配置行为浪费的现象。生产函数总表现为“s”形的递增函数特点，经济学的生产理论对生产函数表现为“s”形的递增函数进行了解释。生产理论的“生产要素报酬递减法则”认为，“在技术不变、其他生产要素投入量不变时，连续地把某一种要素的投入量增加到一定数量后，所得的产量的增量是递减的。”[①]该法则又称边际收益递减规律，它验证了为何生产函数出现随着x的逐渐增大，y增加速度呈现出不断加快—最大—逐渐减少的现象。当投入x较小时，生产函数的敏感度较高，而当投入x增大到一定程度时，生产函数的敏感度逐渐降低。同时，该法则也可以证明在技术不变、其他生产要素投入量不变时，产出可能集$P(y)$中的产出y也会随着x逐渐增大出现增加速度不断加快—最大—

① 刘厚俊.现代经济学原理.江苏：南京大学出版社，1997：81.

逐渐减少的过程以及敏感度由强转弱的过程。根据这样一个规律，我们发现我国中西部地区各省的群众体育发展的整体能力较弱，他们的群众体育资源投入基数明显低于东部地区，因此，相对于东部地区，他们长期处于敏感度较高的阶段。在适当的时间里、一定技术条件下，他们中很多可能达到“*DEA*”有效(技术有效和规模有效)。而对于很多综合实力较强的东部地区各省，他们的群众体育发展的整体能力明显超过中西部地区各省，且群众体育资源投入基数较大。因此相对于中西部地区，东部地区各省的群众体育长期处于发展的敏感度较低阶段。近年来，我国东部地区各省，由于政治、经济、文化、社会等各个方面都获得了长足的发展，对群众体育发展的投入力度不断加大，但由于所处的敏感度较低阶段，特别在技术条件未变情况下，他们中许多省很容易造成投入的盲目和浪费，从而出现效率评价指数低于中西部地区的情况。

表 12　我国各省群众体育资源配置行为效率评价参数

DMU	θ	排名	X212	X213	X221	X222	X231	X241	X311	X323	X324	X325
			$s^-(1)$	$s^-(2)$	$s^-(3)$	$s^-(4)$	$s^-(5)$	$s^-(6)$	$s^+(1)$	$s^+(2)$	$s^+(3)$	$s^+(4)$
北京	0.9987	11	0.1439	0.0000	0.0446	0.9128	0.6417	0.0000	0.0000	0.0000	0.5939	0.0589
上海	1.0000	1	0.0000	0.0000	0.0000	0.0000	0.0000	0.0000	0.0000	0.0000	0.0000	0.0000
天津	1.0000	1	0.0000	0.0000	0.0000	0.0000	0.0000	0.0000	0.0000	0.0000	0.0000	0.0000
江苏	0.7361	14	0.3978	0.0000	0.4609	0.0499	0.0000	0.0000	0.0000	0.0000	0.2192	0.1516
广西	10000	1	0.0000	0.0000	0.0000	0.0000	0.0000	0.0000	0.0000	0.0000	0.0000	0.0000
黑龙江	0.9449	13	0.0000	0.3608	0.0000	0.4597	0.0000	0.0000	0.0471	0.0000	0.1881	0.0262
吉林	1.0000	1	0.0000	0.0000	0.0000	0.0000	0.0000	0.0000	0.0000	0.0000	0.0000	0.0000
湖南	1.0000	1	0.0000	0.0000	0.0000	0.0000	0.0000	0.0000	0.0000	0.0000	0.0000	0.0000
江西	0.7206	15	0.3146	0.0000	0.0000	0.0000	0.0000	0.0310	0.0489	0.0000	0.0000	0.0000
河南	0.9914	12	0.2081	0.1318	0.0360	0.0000	0.0000	0.0000	0.3054	0.0200	0.0000	0.0000
陕西	1.0000	1	0.0000	0.0000	0.0000	0.0000	0.0000	0.0000	0.0000	0.0000	0.0000	0.0000
四川	1.0000	1	0.0000	0.0000	0.0000	0.0000	0.0000	0.0000	0.0000	0.0000	0.0000	0.0000
甘肃	1.0000	1	0.0000	0.0000	0.0000	0.0000	0.0000	0.0000	0.0000	0.0000	0.0000	0.0000
重庆	1.0000	1	0.0000	0.0000	0.0000	0.0000	0.0000	0.0000	0.0000	0.0000	0.0000	0.0000
贵州	1.0000	1	0.0000	0.0000	0.0000	0.0000	0.0000	0.0000	0.0000	0.0000	0.0000	0.0000

表 13 东、中、西部地区群众体育资源配置行为效率评价参数

DMU	θ	排名	X212	X213	X221	X222	X231	X241	X311	X323	X324	X325
			$s^-(1)$	$s^-(2)$	$s^-(3)$	$s^-(4)$	$s^-(5)$	$s^-(6)$	$s^+(1)$	$s^+(2)$	$s^+(3)$	$s^+(4)$
东部地区	0.9470	5.6000	0.1083	0.0000	0.1011	0.1925	0.1283	0.0000	0.0000	0.0000	0.1626	0.0421
中部地区	0.9314	8.4000	0.1045	0.0985	0.0072	0.0919	0.0000	0.0062	0.0803	0.0040.	0.0376	0.0052
西部地区	10000	1.0000	0.0000	0.0000	0.0000	0.0000	0.0000	0.0000	0.0000	0.0000	0.0000	0.0000

注：表中数据皆为各地区各指标的平均值。

表 14 我国各省群众体育资源配置行为的输入剩余和输出亏情况

DMU	X212	X213	X221	X222	X231	X241	X311	X323	X324	X325
	$\Delta x(1)$	$\Delta x(2)$	$\Delta x(3)$	$\Delta x(4)$	$\Delta x(5)$	$\Delta x(6)$	$\Delta y(1)$	$\Delta y(2)$	$\Delta y(3)$	$\Delta y(4)$
北京	0.0000	0.5562	0.0000	0.0000	0.0000	0.4438	0.2956	0.7031	0.0000	0.0000
上海	0.8572	0.0245	0.0321	0.0044	0.0393	0.0425	0.3005	0.5736	0.0630	0.0630
天津	0.8812	0.0323	0.0211	0.0222	0.0137	0.0294	0.1923	0.2492	0.0150	0.5434
江苏	0.0000	0.2630	0.0000	0.0000	0.4148	0.3222	0.0159	0.7202	0.0000	0.0000
广西	0.8159	0.0208	0.0620	0.0100	0.0029	0.0884	0.7445	0.0585	0.0954	0.1016
吉林	0.4896	0.0000	0.1007	0.0000	0.1285	0.2812	0.0000	0.9449	0.0000	0.0000
湖南	0.1307	0.4632	0.1630	0.0175	0.0334	0.1922	0.4075	0.1695	0.1526	0.2704
江西	0.0360	0.0901	0.4664	0.0069	0.0046	0.3960	0.0742	0.7831	0.0867	0.0561
河南	0.0000	0.2447	0.3575	0.2113	0.1865	0.0000	0.0000	0.3535	0.1000	0.2671
湖北	0.0000	0.0000	0.0000	0.3539	0.0607	0.5854	0.0000	0.0000	0.6749	0.3165
四川	0.1881	0.4251	0.0000	0.0395	0.0165	0.3308	0.4149	0.2420	0.0870	0.2561

续 表

DMU	X212	X213	X221	X222	X231	X241	X311	X323	X324	X325
	$\Delta x(1)$	$\Delta x(2)$	$\Delta x(3)$	$\Delta x(4)$	$\Delta x(5)$	$\Delta x(6)$	$\Delta y(1)$	$\Delta y(2)$	$\Delta y(3)$	$\Delta y(4)$
甘肃	0.1596	0.0000	0.0847	0.0986	0.0113	0.6457	0.3482	0.3066	0.1697	0.1755
贵州	0.0963	0.2414	0.4860	0.1764	0.0000	0.0000	0.0000	0.6856	0.0246	0.2897
重庆	0.5442	0.0872	0.3172	0.0000	0.0043	0.0472	0.8986	0.0413	0.0213	0.0388
西藏	0.0000	0.6016	0.0362	0.0697	0.0152	0.2774	1.0000	0.0000	0.0000	0.0000

表 15 东、中、西部地区群众体育资源配置行为的输入剩余和输出亏空情况

DMU	X212	X213	X221	X222	X231	X241	X311	X323	X324	X325
	$\Delta x(1)$	$\Delta x(2)$	$\Delta x(3)$	$\Delta x(4)$	$\Delta x(5)$	$\Delta x(6)$	$\Delta y(1)$	$\Delta y(2)$	$\Delta y(3)$	$\Delta y(4)$
东部地区	0.5109	0.1793	0.0230	0.0073	0.0942	0.1853	0.3097	0.4609	0.0347	0.1416
中部地区	0.1312	0.1596	0.2175	0.1179	0.0827	0.2910	0.0963	0.4502	0.2028	0.1820
西部地区	0.1976	0.2710	0.1848	0.0769	0.0095	0.2602	0.5323	0.2551	0.0605	0.1520

第五章　我国群众体育资源配置对策研究

前面我们对我国群众体育发展的整体能力状况和群众体育资源配置行为效率进行评价分析，发现我国群众体育发展的整体能力和各项指标都呈现出东部地区强、中西部地区逐渐减弱的态势，我国群众体育发展正处于非均衡发展状态中。但是，我国群众体育资源配置行为效率却呈现出中西部地区强、东部地区弱的情况，说明在群众体育资源配置行为的浪费方面，东部地区比中西部地区较为严重。为了使我国及各省群众体育资源能够合理配置，实现资源利用的最佳化，形成我国群众体育全面、协调、可持续的发展局面，本研究对我国群众体育资源配置提出了以下对策。

第一节　将群众体育纳入社会发展规划，加快群众体育发展

党的十九大已将“广泛开展全民健身运动，加快推进体育强国建设”作为中国特色社会主义进入新时代的奋斗目标之一。目前，群众体育所处的地位，决定了群众体育工作只有积极融入全面建成小康社会和全面建设社会主义现代化强国历史进程，融入现代化建设的大局，利用新时代对群众体育事业发展的空前需求，才能在为现代化建设大局服务的过程中，乘势而上，求得发展。群众体育是关系全国人民健康素质的事业。这就决定了发展群众体育可以而且应当纳入相关行业立法、纳入国民经济和社会发展规划、纳入全面建成小康社会和全面建设社会主义现代化强国指标体系、纳入社会主义精神文明建设、纳入创建文明地方、纳入政府业绩考核；体育事业经费、基本建设经费纳入财政预算和基本建设投资计划等。总之，利用一切可以利用的条件，寻找一切有利于发展的机会，群众体育才可能突破基础条件的局限，在全国各地都取得不同程度的发展。

第二节 转变政府职能，建设公共服务型政府，解决群众体育事业中的民生问题

《中共中央关于构建社会主义和谐社会若干重大问题的决定》明确提出“建设服务型政府，强化社会管理和公共服务职能”，要求“以发展社会事业和解决民生问题为重点，优化公共资源配置，注重向农村、基层、欠发达地区倾斜，逐步形成惠及全民的基本公共服务体系”，“逐步实现基本公共服务均等化”。同样，群众体育事业也存在以民生问题为重点，优化群众体育资源配置，注重向农村、基层、欠发达地区倾斜，逐步形成惠及全民的体育基本公共服务体系，逐步实现体育基本公共服务均等化。我国传统体育事业管理体制的基本模式是统一经营，统一管理。国家同时承担各项“事业”的所有者、经营者、管理者等多种职能和角色。虽然，国家体育总局和各地方体育局重新划分、调整和规范政府与社会组织之间的责、权、利关系，过分集权现象有所改善，政府的宏观调控、保障监督和协调服务职能有所体现。但从总体来看，政府对群众体育的管理仍然没有摆脱行政支配的行为模式，特别是面对当前人民群众日益增长的多样化体育需求，以致出现一种“政治怪象”——一方面人们抱怨政府太强，管得太多太死；另一方面人们又抱怨政府太弱，对很多该管的事往往又缺乏有效的管理办法和依据。①为了解决这些民生问题，政府必须转变其传统职能，扩大和强化群众体育服务职能，提高群众体育服务水平和群众体育产品和服务的质量，建设成为公共服务型政府。所谓公共服务型政府，就是以人民为中心，为全社会服务，政府成为真正意义上的提供良好的公共政策服务和制度供给的组织。②因此，在群众体育事业工作中，各级政府及群众体育行政部门要率先垂范，转变服务观念，提高服务质量，改变偏向行政管理的强制服务习惯，不能以自己的权利优先，以行政方便考虑服务设置，而必须本着执政为民的思想，在尊重公民和社会组织基本权利的前提下，以需求为导向，以自愿为基础，提供群众体育产品和服务，从而确保我国群众体育事业发展目标的实现。

---

① 秦椿林.当代中国群众体育管理[M].北京：人民体育出版社，2004:70-72.

② 丁元竹.社会发展规划需要处理好十大关系[J].宏观经济管理，2005(9):23-25.

第三节 坚持政府领导，加强有效制度供给，营造社会化空间，拓宽群众体育服务供给渠道

现阶段，群众体育应当坚持政府领导，社会实施，体育行政部门指导、协调和监督的群众体育工作管理的方向。在实际运行中要进一步明确政府、社会的事权划分，切实地落实政事分开、管办分离。政府重点支持公益性体育设施建设，群众性体育组织和体育活动以社会兴办为主，鼓励、支持企事业单位和个人兴办面向大众的体育服务经营实体，积极引导群众体育的体育消费，大力培育体育市场，加强规范管理，逐步形成有利于体育产业发展的社会氛围。各级政府应保证群众体育开展体育活动的基础设施的投入，逐步改善群众体育的基础条件，做到规划到位、资金到位、机构到位、服务到位。体育职能部门应把工作重点转移到贯彻国家方针政策，研究制定群众体育市场发展政策和发展规划，依法加强群众体育市场管理和公共服务等方面来。各级政府和群众体育行政部门通过制定有效的制度供给来引导和规范群众体育配置活动的有序进行，并统一和协调各配置主体的行为或认识，达到弥补群众体育市场的市场失灵，提高群众体育资源配置效率和公平的目的。

长期以来，群众体育管理体制一定程度上仍处于“强政府、弱社会”的社会权利格局，个别群众体育资源配置难以得到优化。根据国际经验和我国当前实际情况，政府应创造条件鼓励体育社团和群众体育企业参与到群众体育产品和服务生产中来。通过群众体育资源配置理论的分析，体育社团和群众体育企业提供的群众体育服务和产品具有不可替代性，政府应在制度和财政等方面给予一定支持，并在群众体育服务领域建立合作关系。但总的来说，群众体育事业是一项政府、体育社团、群众体育企业共同参与，由政府领导、社会运作的公益性事业。在这项事业中，政府起到主导作用，向人民群众提供纯公共产品，即提供有效的制度供给和重点公益性体育设施建设。而体育社团和群众体育企业主要提供多元化的群众体育准公共产品和私人产品，以满足人民群众不断增长的多样化的体育需要，为构建比较完善的全民健身体系作出重要的贡献。在群众体育事业中，政府、体育社团和群众体育企业进行共治，它不仅是我国社会发展的需要，也是符合我国社会主义初级阶段和国情的需要，为营造群众体育的社会化空间，拓宽群众体育服务供给渠道，最终为达到“强政府、强社会”

的“强强联合”打下坚实的基础。

第四节 各省要形成群众体育集约型能力提升

单纯的群众体育资源投入只能短期促进能力提升，而不具有长效性，并且这种资源配置模式会更加不利于本来就稀缺的群众体育资源的累积与利用，同时会导致群众体育的粗放式发展，然而，以效率提高为前提的群众体育资源投入的增加有利于形成群众体育资源的集约化配置，这种资源集约化配置模式更有利于提高群众体育资源配置效益和促进我国群众体育的全面、协调、可持续的发展。

1.提高居民的体育需求增长率是提高群众体育资源配置行为效率的关键

目前，东部地区各省对群众体育发展的投入力度不断加大，由于所处敏感度较低阶段，特别在技术条件未变情况下，许多省很容易造成投入的盲目和浪费，从而出现效率评价指数低于中西部地区的情况。如何能够改善这种状况呢？生产理论认为，如果发生了技术进步，生产函数本身就会发生改变，假如技术进步提高了生产效率，那么要得到原先一样多的产量所必须投入的资源量将会减少。[①]目前，造成东部地区各省边际收益递减的原因是居民的体育参与程度与体质健康增长率减缓，而体育需求增长率减缓是造成居民的体育参与程度与体质健康增长率减缓重要原因之一。“体育需求”代表了居民对参与体育活动的强烈的自主性和主动性，是吸引他们参与群众体育活动的根本原因。无论是何种外在影响，都必须转换成人们内在的体育需求，这样才能将居民真正吸纳到体育健身活动中来。对于目前我国各省来说，如何提高居民的体育需求增长率成为提高群众体育资源配置行为效率的技术难题。因此，只有设法提高居民的体育需求增长率，即发生技术进步，使现有的群众体育资源配置生产函数发生改变，从而提高配置行为效率，才能更加有效地促进群众体育事业的发展目标之一——增强人民体质，促进全民族健康素质的明显提高的实现。所以，提高居民的体育需求增长率是提高群众体育资源配置行为效率的关键。

---

① 刘厚俊.现代经济学原理[M].江苏：南京大学出版社，1997：76.

2. 合理投入是群众体育集约型能力提升的保证

《意见》中提出构建群众体育性体育服务体系，着重抓好三个环节：一是建设好群众健身场地，方便群众就地就近参加体育活动；二是健全群众体育活动组织，建立社会体育指导工作队伍和社会化的群众体育网络，完善国民体质监测系统；三是举办经常性群众体育活动，丰富群众文化生活。群众体育工作应努力做到亲民、便民、利民。要抓好这三个环节，我国就必须逐步改善群众体育性体育运动条件，加大对群众体育的资源投入。不过这里的投入并不是单纯的投入，而是合理和有效率的投入，以实现群众体育集约型能力提升。

在本研究的群众体育发展整体能力评价和群众体育资源配置行为效率评价中，虽然中西部各省的群众体育资源配置行为效率明显高于东部各省，但不能说明他们的群众体育发展运行良好，因为他们的群众体育发展整体能力和各群众体育资源投入量都远远低于东部各省，且基数较小。由于我国中西部省份较多，所以相对于西方发达国家，我国群众体育发展整体上呈现出人民群众日益增长的多样化体育需求和薄弱的群众体育物质基础与短缺的群众体育资源之间的矛盾。尤其是保障公民享有基本体育服务的公共体育资源不足，这是我国群众体育事业发展面临的主要矛盾。因此，我国各省必须合理地进行群众体育资源投入。可以采取以下措施：①对于群众体育资源配置行为效率较高而整体能力较低的省份来说，由于其长期处于边际收益递减阶段，敏感度较高，所以首先应加大投入力度，以获得更高的产出。同时通过各种手段和方法不断提高居民的体育需求增长率，以延缓边际收益效率下降的趋势。②对于群众体育资源配置行为效率较低而整体能力较高的省份来说，由于其处于边际收益递减阶段，敏感度较低，只要保持产出增长率高于投入增长率，就可以提高配置行为效率。因此，对于这些省份，不断提高体育需求增长率比增加群众体育资源投入更加重要。③合理优化资源配置。由于松弛变量 s^- 和剩余变量 s^+ 以及输入剩余 Δx_o 和输出亏空 Δy_o 指出了各“DMU”在“*DEA*”相对有效平面上的投影，同时也为各省改进非有效的“DMU”提供一个可行的资源配置修改方案，所以各省可以借助松弛变量 s^- 和剩余变量 s^+ 以及输入剩余 Δx_o 和输出亏空 Δy_o 等数据作为参考，对资源配置结构进行修正，以优化资源配置，实现“*DEA*”有效。

3.统筹城乡、统筹区域群众体育发展，实现群众体育事业科学发展

“五个统筹”战略部署，把统筹城乡、统筹区域的发展置于首要位置，其根本目标是“以人民为中心”，让农村和经济落后地区也享受到发展的成果。十九大报告要求，“坚持稳中求进工作总基调，统筹推进‘五位一体’总体布局，协调推进‘四个全面’战略布局，提高党把方向、谋大局、定政策、促改革的能力和定力，确保党始终总揽全局、协调各方。”当前，我国城乡、区域群众体育发展差距较大，因此，统筹城乡、统筹区域群众体育的发展对于促进我国群众体育全面、协调、可持续的发展局面具有非常重要的现实意义。

从农村体育发展来看，农民体育意识有待提高，农村地区体育场地、设施严重缺失。全民建设小康社会重点和难点在农村，同样群众体育工作的重点和难点也在农村。没有农村体育发展，就不可能建成覆盖全国的、完善的全民健身体系。为了实现统筹城乡群众体育发展，减少城乡群众体育差距，解决群众体育发展中的城乡二元结构，本研究认为可以采取以下措施：①依据农民的体育需求特点，合理地加大对农村体育发展的资源投入。首先，加强以乡镇为重点的农村体育工作，积极开展和实施亿万农民健身活动、体育三下乡活动及农民体育健身工程等，加大农民体育发展的资源投入，切实改善农村体育设施条件，提高农民的体育意识，丰富农民的体育活动。其次，因时、因地、因人、因项目开展农村体育工作，合理进行资源投入。因时要注意农忙和农闲；因地要注意南方和北方、平原和山区等不同自然环境；因人要注意不同年龄、不同性别、不同民族特点；因项目要注意把农民传统体育项目与现代体育项目结合起来，开展农民喜闻乐见的体育项目和活动，扩大农民的体育需求。不要“一刀切”式地进行资源投入，做到高效、高质量的集约式发展，尽量做到以人民为中心，全面、协调、可持续地发展农村体育。②有针对性做好农村体育工作。我国农村经济发展不平衡，开展农村体育可以采取不同政策。如富裕地区可以借助市场和社会的投入来发展本地农村体育；贫困地区以政府为主导发展本地农村体育。③充分发挥各级政府的主渠道作用，积极创建农民体育协会和建立农村文化体育站（活动室），发展壮大群众体育骨干队伍，使得农村体育由“一家办多家看”变为“一家牵头多家参与”，发挥他们在农村体育工作中的组织、指导服务、示范作用，实现农村体育组织网络化。④解决好农村体育政策性经

费问题。一方面，理顺县、乡二级事权、财权关系。另一方面，国家要尽快建立健全相关政策、法律和制度，确保体育事业经费真正到位。

目前，我国东部和中西部地区群众体育发展所面对的首要解决问题是有区别的，即东部地区主要是解决如何加快居民的体育需求增长率，提高产出增长率，而中西部地区主要是解决如何合理加大群众体育资源投入。为了实现统筹区域群众体育发展，减少区域群众体育差距，本研究认为可以采取以下措施：①政府对于东部地区各省采取以无形资产支持为主的政策投入，从而可以将更多资源资助到中西部地区各省以发展当地的群众体育事业，并根据中西部地区各省居民体育需求情况合理配置资源，不可将资源配置“一刀切”。②改革群众体育事业经费制度。各省需改变体育事业中群众体育事业费比例过小、增长幅度过低的状况，在政府财政中将群众体育事业费和群众体育基本建设费单列。同时，中西部地区各省可以根据本省群众体育发展情况使得群众体育事业费占体育事业费比例以及群众体育事业费增长幅度超过东部地区各省。③改革体育彩票公益金分配、提留办法。改革体育彩票公益金分配办法，将用于全民健身事业的体育彩票公益金，在财政部门单列。加强对体育彩票公益金用于全民健身事业的比例和额度的审计和监督，保证体育彩票公益金足额用于全民健身事业。同时对公益金用于全民健身事业的比例和公益金地方提留比例进行改革，如中西部各省可以根据本省群众体育发展状况适度提高公益金用于全民健身事业的比例和公益金地方提留比例等。

第五节 构建群众体育资源配置系统的协同机制

在群众体育资源配置系统中，配置主体分别在制度、文化和市场这三种配置力量的驱使下，促成了群众体育资源配置机制的形成，实现了对基础性核心群众体育资源要素的配置。同时，这三个配置主体之间应形成相互协同的机制。协同论思想是以整体的观点调节系统形成宏观水平上的结构与功能的一致性，是用统一的观点处理复杂系统的概念和方法，其核心是系统的整体性和动态性。因此，各级政府和群众体育行政部门、体育社团和群众体育企业，在共同实现社会服务性的价值观念指导下，以不断完善相关政策管理为保障，通过分析各类群众体育资源的特点与利用现状，权衡实现资源协同利用的现实差距，进而剖析制约协同效应形成的因素，衡量实现协同的时机性，建立以各级政府和群众体育行政部门为主导，群众体育资源所属配置主体共同参与的沟通机制，在已承担的责、权、利的基础上，通过制度、文化和市场这三种配置力对各类群众体育资源进行必要的整合与配置，达到群众体育共同目标的协同、体育需求的协同、各类资源的利用协同和配置优化。这一系列的过程是群众体育社会化这一序参量从弱到强的形成与驱动过程，以群众体育社会化这一内在要求形成的自律性与政策干预形成的他律性共同作用下，使群众体育资源开发与利用逐渐从无序的、松散运行状态走向有序的自组织管理，实现群众体育资源的协同效应。同时，同级配置主体之间不是领导与被领导、管理与被管理的关系，而是在群众体育社会化这一内在驱动力下形成的利益共同体。在群众体育资源配置系统的协同机制形成过程中，应注意协同目标与协同效应的同一性关系，不断进行管理层次与操作层次信息的反馈与互动。

第六节　加快基层体育社团的发展，加强群众体育人力资源建设

基层体育社团是发展群众体育事业的一支重要力量，是沟通体育行政部门与群众体育的桥梁。进一步发挥各类体育社团自治功能，推动群众体育事业的全面发展，是深化群众体育管理体制和机制改革的需要，是推进群众体育社会化、形成全民健身组织网络和发展群众体育事业的必然要求。对于各级政府和体育行政部门来说，加强对体育社团的领导，在人员、办公条件和活动经费等方面扶持体育社团规范建设和开展活动，使其真正成为在各级政府和体育行政部门领导下的，有组织章程、有专人负责、有办公地点、有活动经费、常年有特色活动的体育社团。

目前，我国社会体育指导员及各级各类群众体育组织管理人员的数量不能满足我国城乡居民体育活动的需求；群众体育组织管理人员的管理理念、管理方式等方面亟待提高；社会体育指导员的技术等级、性别、年龄、文化程度、工作年限、健康状况等方面结构普遍失衡，社会体育指导员年龄结构老化，学历偏低。因此，要实现优化我国现有群众体育人才资源的合理配置，可以采取以下对策：①对于志愿加入到社会体育指导员队伍和各级各类群众体育组织管理队伍的人员进行任职培训、专门业务培训和更新知识培训，重点提高政治素质和业务能力，突出专业化要求。特别要加强在校大中专学生及中青年社会体育指导员的培育与开发，使高等院校尤其是体育专业院校成为我国社会体育指

导员的培训基地。②完善人才流动机制，发挥人才最大效益。根据不同地区实际需要，优化我国社会体育指导员的队伍和各级各类群众体育组织管理队伍结构。③完善竞争激励机制，鼓励人才脱颖而出。④建立对口支援与定向培养人才的有效机制。[①]

第七节 提高认识，加强宣传，为发展群众体育信息资源和塑造良好文化氛围创造条件

认识是行动的前导，所以，加强群众体育宣传效果，对提高人民群众的体育意识，促进群众体育的发展至关重要。群众体育宣传大体通过三条渠道进行。①政府宣传渠道。各级政府和群众体育行政部门以政策法规、体育科学知识、健身知识为主要内容，切实加大宣传教育力度，把做好体育宣传作为开展好群众体育工作的基础。②社会大众传播渠道。人民群众通过自己，或者在社会体育指导员和群众体育组织管理人员的指导下从事体育锻炼，并将从体育锻炼获得的益处告知他人。同时还可以通过聘请社会成员充当义务宣传员进行大众传播，举办展示会、成果汇报会，开设体育橱窗，印发宣传资料等形式向社会提供各种体育信息。这种一传十、十传百的社会传播，最能使人们接受。③新闻媒介渠道。大体有文字媒介（报纸）、语言媒介（广播）、形象媒介（电视、网络、图片）等。这条渠道传播内容丰富、传播速度快、互动性强、影响广。因此，该渠道成为传播群众体育信息资源的最重要的渠道之一。

前文已阐述，文化价值是社会公益的价值基础，它回答了社会团体等公益组织的行为在物质利益方面于己不利，但他们为什么还这样做的原因。在群众体育资源配置系统中，文化作为一种自发的社会秩序，其配置机制一旦生成，就能作为人们从事群众体育活动中的一种常规性固化文化本身所覆盖的群众体育资源配置主体（主要作用于体育社团）的现象型行为，从而文化配置成为体育社团的主要资源配置方式。在文化配置中，体育文化的配置能力所发挥的作用最为巨大。体育文化的功能是它的诸要素与外部环境相互联系中表现出来的作用和能力，它的魅力也正是吸引体育社团参与群众体育资源配置的重要原因之一。因此，社会在通过各种渠道进行体育文化宣传过程中，需要注意宣传其以下几个方面彰显和扩大体育文化的影响力，以塑造良好文化氛围：①普及健

① 陈宁.全民健身概论[M].四川：四川教育出版社，2006：207.

身运动，促进民族体育交流。②塑造人才素质。③调节生活，愉悦身心，体现美的追求。④促进人的社会化。⑤公平竞争维护和平，表现民族自尊。⑥促进社会经济的进步。[①]同时，社会体育指导员及各级各类群众体育组织管理人员在群众体育工作中，要坚持正确的政治方向，促进人们形成健康、科学、文明的生活方式，培养高尚的情趣，提高生活质量，坚决抵制不正确、不健康思想的侵蚀，反对邪教思想，杜绝封建迷信，保证群众体育事业健康文明地开展。

第八节 不断优化社会经济环境，促进群众体育事业的全面、协调、可持续发展

群众体育是一个复杂的系统，系统内部各要素间复杂的非线性关系是决定系统发展的关键，而与之密切相关的社会、经济、文化系统则是这一演化能否顺利进行的保证，在一定程度上对系统的演化速度、方向和前景产生重要影响。因此，只有加快我国社会、经济、文化等方面的发展，才能推动群众体育事业的全面、协调、可持续发展。要促进群众体育事业的全面、协调、可持续发展，我国社会经济环境要从许多方面进行加强：①加快我国经济体制改革，保持国民经济快速、稳定、健康、持续的发展，不断提高人均国民收入，特别是增加农民的可支配收入，缩小城乡收入差距，降低恩格尔系数，促进人民群众的体育参与和体育消费。②国家应制定政策、利用经济杠杆、增加投入力度等方式，不断缩小东部地区和中西部地区之间的经济差距，从而为中西部地区各省提供更多的经济支持，实现群众体育发展的区域公平性。③要逐步提高城市化水平，坚持大中小城市和小城镇协调发展，农村体育以乡镇为重点，城市体育以社区为重点。④加快转变经济发展方式，推动产业结构优化升级，由主要依靠第二产业带动向依靠第一、第二、第三产业协同带动转变，由主要依靠增加物质资源消耗向主要依靠科技进步、劳动者素质提高、管理创新转变，从而促进群众体育服务业的发展，不断满足人民群众的日益增长的体育文化需求。⑤坚持教育公益性质，加大财政对教育投入，规范教育收费，健全学生资助制度，保障经济困难家庭、进城务工人员子女平等接受义务教育。同时，优化教育结构，促进义务教育均衡发展，为提高人民群众的体育意识打下坚实的基础。⑥加强网络文化建设和管理，营造良好网络环境，弘扬体育精神，普及体育科学知识。

① 席焕久.体育人类学[M].北京：北京体育大学出版社，2001：202-210.

虽然促进群众体育事业的全面、协调、可持续发展，社会经济环境还有其他许多方面需要努力改变，但是有一点必须明确，即发展群众体育事业必须从省情、国情出发，坚持群众体育事业与社会、经济、文化的协调发展，使得我国群众体育系统与外界环境进行物质、信息、能量的交流时熵流和总熵变都呈现“负熵”，最终群众体育系统逐渐达到非平衡、自稳定、有序的自组织状态。

第六章　结论与建议

第一节　结论

1.我国群众体育发展评价指标体系的目标模式

第一，过程目标模式——形成比较完善的全民健身体系。

第二，结果目标模式——促进全民族健康素质的明显提高。其中二者之间的关系是相辅相成、相互制约的关系。

2.群众体育投入系统

第一，群众体育投入系统是由群众体育资源配置主体、群众体育资源、群众体育服务与产品的生产和群众体育服务与产品等四方面组成的一个系统。该系统在实施过程中促进了我国比较完善的全民健身体系的形成，从而也逐渐促进了指标体系所强调的过程目标的实现。

第二，群众体育产出系统是由群众体育服务与产品、群众体育服务与产品消费、群众体育资源产出等三个方面所组成。该系统在实施过程中促成了指标体系的结果目标的实现——促进全民族健康素质的明显提高。

第三，群众体育投入系统与产出系统的结构和功能特点，特别是它们的结构和功能完备程度决定了群众体育配置主体的资源配置行为能力状况，也体现了群众体育资源配置主体实施发展群众体育的能力。

3.群众体育发展

群众体育发展是指群众体育这一系统的社会环境系统、投入系统、产出系统的协调运行过程，是以人民为中心，不断满足人们的体育需求为目的，以促进全民族健康素质的明显提高和形成比较完善的全民健身体系为目标的可持续的综合进步过程。

4.群众体育资源配置理论

群众体育资源配置理论是有关群众体育资源配置系统的要素、结构、运行机制以及与外界环境关系等方面的一系列特征、规律和原理。该理论提出了：

第一，群众体育资源是指能直接或间接推动群众体育发展进而促进全民族健康素质的明显提高和形成比较完善的全民健身体系目标的一切资源要素集合，一般包括群众体育人力、财力、物力、信息、制度、市场、文化等七个资源要素。

第二，根据群众体育资源要素的内容特征及其相互作用关系将其分为基础性核心群众体育资源要素子系统和整体功能性群众体育资源要素子系统。这两个子系统相互影响、相互作用促成了群众体育资源要素系统的形成。

第三，群众体育资源要素系统在基础性核心群众体育资源要素子系统和整体功能性群众体育资源要素子系统相互作用下，产生了新的涌现性，促成了更高的等级层次——群众体育资源配置系统的形成。群众体育资源配置系统结构包括三个配置主体、四个配置客体和三个配置力，而且群众体育资源配置主体分别在三种配置机制的协同作用下，相互作用、相互影响，有助于实现群众体育资源的优化配置、促进群众体育资源配置效率得到不断提高。

第四，群众体育发展评价实际上是对群众体育系统发展状态的评价。群众体育系统状态需要系统行为来体现，而群众体育资源配置系统状态的评价可以通过资源配置行为来衡量。本研究中，对群众体育资源配置系统的配置行为的评价实质上就是对群众体育资源配置行为的效益评价。在群众体育资源配置行为的效益评价中，我们需要对群众体育资源配置的效果和效率——配置行为的能力和效率进行静态特征和动态特征评价分析，从而形成了对群众体育资源效益的理解，即“建立在效率提高基础上的能力提升才具有可持续性和竞争力”。

5.我国群众体育发展评价指标体系

该指标体系可以分为：①目标层为我国群众体育的发展评价指标体系；②准则层含社会环境系统、投入系统、产出系统，子准则层包括9个子准则；③方案层包括16个指标。

6. 群众体育发展整体能力

群众体育发展整体能力是以绝对量的方式展现群众体育系统的社会环境系统、投入系统和产出系统的整体发展状况。通过对各省群众体育发展整体能力的评价指数和排名情况分析，发现：

第一，我国东部地区在群众体育社会环境系统、投入系统和产出系统三个方面均明显要优于中西部地区。从中西部地区与东部地区在这三个方面的差距来看，在产出系统的差距最小。

第二，我国群众体育发展的整体能力和各项指标都呈现出东部地区强，中西部地区逐渐减弱的态势。

第三，我国社会环境系统与群众体育系统、投入系统和产出系统的相关系数存在非常高的正相关性，说明社会环境系统对群众体育系统具有巨大的促进作用。

7. 研究对策

为了使我国及各省群众体育资源能够合理配置，实现资源利用的最佳化，形成我国群众体育全面、协调、可持续的发展局面，本研究提出以下对策：

第一，将群众体育纳入社会发展规划，加快群众体育发展；

第二，转变政府职能，建设公共服务型政府，解决群众体育事业中的民生问题；

第三，坚持政府领导，加强有效制度供给，营造社会化空间，拓宽群众体育服务供给渠道；

第四，各省要形成群众体育集约型的能力提升。其中要注意三个方面：提高居民的体育需求增长率是提高群众体育资源配置行为效率的关键；合理的投入是群众体育集约型能力提升的保证。对于群众体育资源配置行为效率较高而整体能力较低的省份应加大投入力度，同时通过各种手段和方法不断提高居民的体育需求增长率，以延缓边际收益效率下降的趋势。对于群众体育资源配置行为效率较低而整体能力较高的省份来说，不断提高体育需求增长率比增加群众体育资源投入更加重要。同时，各省可以借助松弛变量 s^- 和剩余变量 s^+ 以及输入剩余 Δx_o 和输出亏空 Δy_o 等数据作为参考，对资源配置结构进行修正，以优化资源配置，实现“*DEA*”有效；统筹城乡、统筹区域群众体育发展，实现群众体育事业科学发展。

第五，构建群众体育资源配置系统的协同机制；

第六，加快基层体育社团的发展，加强群众体育人力资源建设；

第七，提高认识，加强宣传，为发展群众体育信息资源和塑造良好文化氛围创造条件；

第八，不断优化社会经济环境，促进群众体育事业的全面、协调、可持续发展。

第二节 本研究的局限性与继续研究的建议

本研究中的群众体育发展评价指标体系是以省级行政区为单位从宏观角度来构建的，相对于市、县、乡等相对微观的行政单位来说，该指标体系的评价精度较低、评价指标较少，所以将该指标体系对市、县、乡等行政单位的群众体育发展进行评价是不适合的。因此，根据市、县、乡等行政单位的群众体育发展特点来构建适合于他们的群众体育发展评价指标体系将作为我们继续研究内容。在构建这些指标体系过程中，需要注意提高评价精度，增加相应的敏感度较高的指标。当评价指标较多时，为了避免信息过分重叠，还应加大对指标独立性的检验。

本研究的指标体系都具有一定的时代局限性。任何评价指标体系不是恒定不变的，都会随着时间的推移和事物的发展而呈现动态的变化和发展。同样，群众体育发展评价指标体系也会随着群众体育的发展而变化，所以本研究的结果不是研究的终点，而是下一次研究的起点。因此，群众体育在不断发展过程中，群众体育发展评价指标体系也应作相应修正以适应群众体育的发展，做到要以发展的眼光看待群众体育发展评价指标体系。

在指标数据获取方面，由于部分指标难以获得具有稳定的、逐年的、涵义及其口径范围一致的数据，所以本研究采用了相关指标数据予以替代，这虽解决了指标数据获取的问题，但在一定程度上影响了评价结果的准确性，同时这也为我们将来进行时间序列研究带来更多阻碍。因此，本研究建议我国应该建立群众体育基础数据统计年报制度，同时使得各省统计年鉴成为各省群众体育基础数据的最佳展现平台。各省统计年鉴是各省统计部门为政府、社会、企业、公众提供反映各省经济社会文化等方面发展情况的统计数据和信息。然而在本研究中，投入系统和产出系统的大部分指标数据在各省统计年鉴中难以寻觅。我们对各省统计年鉴中有关群众体育统计资料进行归纳和分析，发现以下几个问题：

第一，各省统计年鉴中的群众体育统计资料信息量差异较大，应予以统一和规范。如河南省的统计年鉴中只有“群众体育活动情况”这一项，该项中仅有“国家体育锻炼标准达标人数”和”运动会次数”的数据。而北京的统计年鉴中有“群众体育活动情况”和“主要年份体育场馆情况”两项，前者包括“晨晚练辅导员”“晨晚练活动人数”“青少年体育俱乐部数”“社会体育指导员”和“全民健身工程”的数据，后者包括“体育场”“体育馆”“游泳馆”和“各种训练房”的数据。

第二，群众体育统计资料过于“陈旧”，未随着群众体育发展而改变，应选取贴近人民群众体育生活的相关群众体育统计资料，如：体育人口、国民体质、体育消费、体育彩票、体育场馆、晨晚健身点和群众体育事业费等方面的信息可以加入到各省的统计年鉴中。同时，还可以增加包括农民和弱势群体等方面的社会各阶层群众体育统计资料，以体现我国群众体育发展全面协调、统筹兼顾的特点。

第三，很多群众体育统计资料的涵义及其口径范围不一致。如：上海统计年鉴中的“主要年份群众体育健身活动场所情况”这一项中，包括“社区体育健身设施数”“健身点”“社区健身场地面积”“社区公共运动场”和“社区公共运动场面积”等五个数据，这些数据与北京年鉴中有关数据内容相似，但涵义及其口径范围却不一致，这些问题不仅给各省群众体育发展评价的时间序列研究带来了很大困难，更重要的是难以形成国家和社会对各省及地方群众体育事业发展的绩效评价管理和社会监督，难以促进群众体育工作的高效开展和公共服务型政府的建立。所以，希望各级政府和群众体育行政部门应不断加强对群众体育统计资料重要性的认识和重视，使得群众体育统计资料在上述各方面得以改变。

主要参考文献

［1］郑杭生，李强，李路路.社会指标理论研究［M］.北京：中国人民大学出版社，1989.

［2］韩玉敏，郝秀芬，王军.新编社会学辞典［M］.北京：中国物资出版社，1998.

［3］中国国家统计局.我国东、中、西部地区是怎样划分的？［J/OL］.http：//www.stats.gov.cn/tjzs/t20030812_402369584.htm.

［4］孙立平. 转型与断裂——改革以来中国社会结构的变迁［M］. 北京：清华大学出版社，2004.

［5］冉学东，王广虎."群众体育"与"社会体育"——体育普及的两种不同形态［J］.上海体育学院学报，2003（4）.

［6］高清海，张海东.社会国家化与国家社会化——从人的本性看国家与社会的关系［J］.社会科学战线，2003（1）.

［7］卢元镇.社会体育学［M］.北京：高等教育出版社，2002.

［8］全国体育学院教材.群众体育学［M］.北京：人民体育出版社，2000.

［9］董新光，裴立新，韩佐生，等.中国西部体育文化论坛论文集［C］.北京：中国体育科学学会，2002.

［10］朱德录.群众体育工作指南［M］.北京：学苑出版社，1990.

［11］中国群众体育现状调查课题组.中国群众体育现状调查与研究［M］.北京：北京体育大学出版社，1998.

［12］杨桦，王凯珍，熊晓正，等.改革开放以来我国群众体育的发展演进与思考［J］.北京体育大学学报，2005（6）.

［13］李宗浩，肖林鹏.全面建设小康社会进程中我国群众体育发展趋势及对策研究［J］.哈尔滨体育学院学报，2005（3）.

［13］林显鹏.2010年中国群众体育发展趋势的研究［J］.中国体育科技，2001（11）.

［15］田雨普，朱志强，陈德明，等.我国群众体育的发展走向与对策［J］.体育科学，1999（4）.

［16］秦寿康.综合评价原理与应用［M］.北京：电子工业出版社，2003.

［17］胡永宏，贺思辉.综合评价方法［M］.北京：科学出版社，2000.

［18］吕树庭，倪同云，丘海雄，等.建立我国社会体育评估指标体系的研究［J］.上海体育学院学报，2002（3）.

［19］李艳翎，龚正伟，贺昭泽，等.体育社会评价指标体系的研制［J］.北京体育大学学报，2004（12）.

［20］严德一.全面建设小康社会背景下的群众体育发展预期［J］.武汉体育学院学报，2006（1）.

［21］唐宏贵，郭慧平，黄靖，等.湖北省"全面建设小康社会时期"群众体育达成目标与评估指标体系的研究［J］.体育科学，2006（6）.

［22］肖林鹏.社会体育管理［M］.北京：北京体育大学出版社，2005.

［23］董新光.关于健康素质、全民健身体系和群众体育发展思路的讨论［J］.体育科研，2005（4）.

［24］董新光，晓敏，丁鹏，等.农村体育评价指标体系的研究［J］.体育科学，2007（10）.

［25］陈宁.全民健身概论［M］.四川：四川教育出版社，2006.

［26］裴立新.论全面建设小康社会的全民健身体系［J］.中国体育科技，2003（6）.

［27］董新光.全民健身大视野［M］.北京：北京体育大学出版社，2003.

［28］李行健.现代汉语规范词典［M］.缩印本.北京：外语教学与研究出版社，语文出版社，2005.

［29］全国干部培训教材编审指导委员会.科学发展观［M］.北京：人民出版社党建读物出版社，2006.

［30］袁方.社会指标与社会发展评价［M］.北京：中国劳动出版社，1995.

［31］何建章，等.中国社会指标理论与实践［M］.北京：中国统计出版社，1989.

［32］史忠良，肖四如.资源经济学［M］.北京：北京出版社，1993.

［33］武恩钧.天津市高校竞技体育绩效评价与资源配置研究［D］.天津：天津大学，2006.

［34］鲍明晓.经济学视野中的群众体育.群众体育战略研究［M］.北京：北京体育大学出版社，2005.

［35］许国志.系统科学［M］.上海：上海科技教育出版社，2000.

［36］沈禄赓.系统科学概要［M］.北京：北京广播学院出版社，2000.

［37］吴忠魁.私立学校比较研究——与国家关系角度的分析［M］.北京：北京师范大学出版社，1999.

［38］诺斯.制度、制度变迁与经济绩效［M］.刘守英，译.北京：生活·读书·新知三联书店，1994.

［39］黄亚玲.体育社团改革［M］.北京：北京体育大学出版社，2004.

［40］卢元镇.社会体育导论［M］.北京：高等教育出版社，2004.

［41］陶传进.社会公益供给——NPO、公共部门与市场［M］.北京：清华大学出版社，2005.

［42］曾红颖，等.发展的刻度：中国发展水平评价指标体系［M］.北京：中国水利水电出版社，2004.

［43］吴寒光.社会发展与社会指标［M］.北京：中国社会出版社，1991.

［44］席焕久.体育人类学［M］.北京：北京体育大学出版社，2001.

［45］中国现代化战略研究课题组.中国现代化报告2007［M］.北京：北京大学出版社，2006.

［46］刘伟.体育消费发展的趋势及特点［J］.体育文化导刊，2002（6）.

［47］刘厚俊.现代西方经济学原理［M］.江苏：南京大学出版社，1997.

［48］国家体育总局政策法规司.体育社会科学研究成果（2006）［M］.北京：人民体育出版社，2006.

［49］秦椿林.当代中国群众体育管理［M］.北京：人民体育出版社，2006.

［50］鲍明晓.我国体育市场投资前景分析［J］.天津体育学院学报，2000（2）.

［51］肖林鹏.社会体育管理［M］.北京：北京体育大学出版社，2005.

［52］包昌火.情报研究方法论［M］.北京：科学技术文献出版社，1990.

［53］王芳.社区卫生服务绩效评价指标体系研究［D］.湖北：华中科技大学，2006.

［54］胡永宏，贺思辉.综合评价方法［M］.北京：科学出版社，2000.

［55］吴可俊.统计学原理［M］.江苏：南京大学出版社，1994.

［56］刘厚俊.现代经济学原理［M］.江苏：南京大学出版社，1997.

［57］秦椿林.当代中国群众体育管理［M］.北京：人民体育出版社，2004.

［58］丁元竹.社会发展规划需要处理好十大关系［J］.宏观经济管理，2005（9）.

［59］李志坚.2005年全国体育发展战略研讨会暨中国群众体育高层论坛总结报告［M］.北京：北京体育大学出版社，2005.

［60］倪同元.市场经济条件下我国基层群众体育管理体制即其运行机制的研究［M］.北京：人民体育出版社，2002.

附　录

《我国群众体育发展评价研究》（指标筛选）第一轮专家咨询表

尊敬的专家：

您好！我是北京体育大学2006级体育人文社会学博士生余涛。

首先，我们非常感谢您能参加我的博士论文的特尔菲法专家调查，感谢您在百忙之中抽出时间来完成问卷填写工作，对您所付出的辛勤劳动表示最诚挚的谢意！

我的博士论文题目是《我国群众体育发展评价研究》。下面本人将就本研究的内容作简要的介绍：

目前，随着我国经济和社会的快速发展，我国群众体育事业取得了巨大的成就。但是，相对于西方发达国家，我国群众体育发展总体上还是呈现出“低水平的、不全面的、发展很不平衡”的状况。为了改变这种状况，我国群众体育发展就要向着“较高水平、较全面、较平衡”状况迈进。为了适应和促进这种转变，推动《全民健身计划纲要》第二期工程第二阶段的顺利实施，就必须建立一套科学、合理的群众体育发展评价指标体系，使得能够准确、全面评价我国群众体育的基本情况和发展态势，从宏观上和舆论上对全国及各省的群众体育发展进行客观公正地评价和诊断，以协调群众体育系统内部和外部关系以及优化群众体育资源的配置，从而形成我国群众体育全面、协调、可持续的发展局面。

本研究基于资源配置理论、自组织理论、科学发展观等理论，提出“群众体育发展”是指“群众体育这一系统的社会环境系统、投入系统、产出系统的协调运行过程，是以人民为中心，不断满足人们的体育需求为目的，以促进全民族健康素质的明显提高和形成比较完善的全民健身体系为目标的可持续的综合进步过程”。如果将“社会”视为一个整体，社会的运行过程则可以看作吸取投入因素而产出产品的活动过程。任何一种社会活动也都可以视为一种“投入—产出”过程。由于群众体育不仅是整个社会的重要组成内容，而且群众体育发展也是社会发展的重要环节。所以，本研究形成了“投入—产出”理论为指导来分析我国群众体育的发展的设想。其中，“社会环境系统”包括有关群众体育发展的社会、经济、教育、文化等诸多方面；“投入系统”包括投入群众体育发展的人力、财力、物力、科技和组织管理等诸多方面；“产出系统”包括居民体育参与情况、国民体质发展水平、体育意识和体育消费等方面。

在前期研究的基础上，本研究提出了评价指标体系的初步框架。本次专家咨询目的是通过集合群众体育及相关领域专家的意见，确定指标体系的指标设置以及各指标权重系数，预计进行四轮信函调查。请您按照填答要求进行填答，答案无所谓正确与否，只要是您的真实意见即可。您的意见将对我国群众体育发展评价指标体系的完善极为重要。

在此，向付出辛勤劳动的您表示万分的感谢！并真诚期待您对本研究的任何建议与意见。

北京体育大学2006级博士生：余涛

指导教师：王凯珍教授

填表说明：

1.请参考表8，根据您的判断，对每一指标与上一级的相关性进行评价，从10到1表示相关性由强到弱，请在相应的空格中打“√”。

2.就每个准则层和子准则层指标的归类，即是否属于相应的类别（目标层和准则层）进行判断，如不属于相应的类别，就属于哪一层请在表格的空格中给予简单说明，并就其类别下的该指标的相关性同样予以评价。

3.修改请在表格的空格中进行，并请简单说明修改理由；可以增、删、改指标；新增加指标也请按要求填写相应内容。

您的个人基本情况：

姓名______ 职称或职务______ 学位______ 工作单位__________

表1 准则层评价表

指标属性	相关性									
评价 / 指标	强 ——→ 弱									
	10	9	8	7	6	5	4	3	2	1
X1 社会环境系统										
X2 投入系统										
X3 产出系统										

表2 社会环境系统子准则层评价表

指标属性		相关性												
评价 / 指标		第一轮专家咨询结果			第二轮专家咨询意见									
		均值	标准差	变异系数	10	9	8	7	6	5	4	3	2	1
X1 社会环境系统	X11 经济支持指标	7.9	1.1192	0.1417										
	X12 社会支持指标	8.25	0.8507	0.1031										
	X13 文化支持指标	8.4	0.8208	0.0977										

表3 投入系统子准则层评价表

指标属性		相关性									
评价 / 指标		强 ——→ 弱									
		10	9	8	7	6	5	4	3	2	1
X2 投入系统	X21 群众体育财力资源投入指标										
	X22 群众体育物力资源投入指标										

续 表

指标属性		相关性									
评价 指标		强 ——→ 弱									
		10	9	8	7	6	5	4	3	2	1
	X23 群众体育信息资源投入指标										
	X24 群众体育人力资源投入指标										

表 4　产出系统子准则层评价表

指标属性		相关性									
评价 指标		强 ——→ 弱									
		10	9	8	7	6	5	4	3	2	1
X3 产出系统	X31 体育参与指标										
	X32 居民体质健康指标										

表 5　社会环境系统指标层评价表

指标属性			相关性									
评价 指标			强 ——→ 弱									
			10	9	8	7	6	5	4	3	2	1
X1 社会环境系统	X11 经济支持指标	X111 恩格尔系数										
		X112 人均 GDP										
		X113 农村居民人均可支配收入 / 城镇居民人均可支配收入										
	X12 社会支持指标	X121 城市化										
		X122 服务业增加值增长率										

续 表

指标属性			相关性									
指标 \ 评价			强 → 弱									
			10	9	8	7	6	5	4	3	2	1
	X13文化支持指标	X131一般公共预算经费占一般公共预算支出比例										
		X132每万人大学生数										
		X133电视普及率										
		X134固定互联网入户数										

表6 投入系统指标层评价表

指标属性			相关性									
指标 \ 评价			强 → 弱									
			10	9	8	7	6	5	4	3	2	1
X2投入系统	X21群众体育财力资源投入指标	X211每万人拥有群众体育事业费										
		X212人均体育彩票销售额										
		X213人均体育消费支出增长率										
	X22群众体育物力资源投入指标	X221人均公共体育场地面积										
		X222每万人拥有全民健身工程总面积										
		X223每万人拥有青少年体育俱乐部个数										
		X224每万人拥有体质测试器材套数										

续 表

指标属性			相关性									
指标＼评价			强 → 弱									
			10	9	8	7	6	5	4	3	2	1
	X23群众体育信息资源投入指标	X231每万人在体育类核心期刊发表的论文篇数										
		X232每万人获得国家体育总局体育社会科学课题数										
	X24群众体育人力资源投入指标	X241每千人拥有社会体育指导员数										

表7 产出系统指标层评价表

指标属性			相关性									
指标＼评价			强 → 弱									
			10	9	8	7	6	5	4	3	2	1
X3产出系统	X31体育参与指标	X311体育人口的人口比例										
		X312居民参加全民健身活动人数										
	X32居民体制健康指标	X321男性国民体质综合指数										
		X321女性国民体质综合指数										
		X321城镇居民体质综合指数										
		X321农村居民体质综合指数										
		X325人口平均预期寿命										

表8 我国群众体育发展评价指标体系框架图

目标层	准则层	子准则层	指标层
我国群众体育发展评价指标体系	(X1)社会环境系统	(X11)经济支持指标	(X111)恩格尔系数
			(X112)人均GDP
			(X113)农村居人可支配纯收入/城镇居民人均可支配收入
		(X12)社会支持指标	(X121)城市化
			(X122)服务业增加值增长率
		(X13)文化支持指标	(X131)一般公共预算经费占一般公共预算支出比例
			(X132)每万人大学生数
			(X133)电视普及率
			(X134)固定互联网入户数
	(X2)投入系统	(X21)群众体育财力资源投入指标	(X211)每万人拥有群众体育事业费
			(X212)体育彩票销售额
			(X213)人均体育消费支出增长率
		(X22)群众体育物力资源投入指标	(X221)人均公共体育场地面积
			(X222)每万人拥有体育社会组织数
			(X223)每万人拥有青少年体育俱乐部个数
			(X224)每万人拥有体质测试器材套数
		(X23)群众体育信息资源投入指标	(X231)每万人在体育类核心期刊发表的论文篇数
			(X232)每万人获得国家体育总局体育社会科学课题数
		(X24)群众体育人力资源投入指标	(X241)每千人拥有社会体育指导员数
	(X3)产出系统	(X31)体育参与指标	(X311)体育人口的人口比例
			(X312)每万人参加全民健身活动人数
		(X32)居民体质健康指标	(X321)男性国民体质综合指数
			(X322)女性国民体质综合指数
			(X323)城镇居民体质综合指数
			(X324)农村居民体质综合指数
			(X325)人口平均预期寿命

《我国群众体育发展评价研究》(指标筛选)第二轮专家咨询表

填表说明:

请您将您的判断意见填在“第二轮专家咨询意见”栏内,在填写时可以参考第一轮专家咨询的结果,对每一指标与上一级的相关性进行评价,从10到1表示相关性由强到弱,请在相应的空格中打“√”。

表1 准则层评价表

指标属性	相关性												
评价 / 指标	第一轮专家咨询结果			第二轮专家咨询意见									
	均值	标准差	变异系数	10	9	8	7	6	5	4	3	2	1
X1社会环境系统	8	1.0761	0.1345										
X2投入系统	8.95	1.0501	0.1173										
X3产出系统	8.85	0.9881	0.1116										

表2 社会环境系统子准则层评价表

指标属性		相关性												
评价 / 指标		第一轮专家咨询结果			第二轮专家咨询意见									
		均值	标准差	变异系数	10	9	8	7	6	5	4	3	2	1
X1社会环境系统	X11经济支持指标	7.9	1.1192	0.1417										
	X12社会支持指标	8.25	0.8507	0.1031										
	X13文化支持指标	8.4	0.8208	0.0977										

表3 投入系统子准则层评价表

指标属性		相关性												
评价 指标		第一轮专家咨询结果			第二轮专家咨询意见									
		均值	标准差	变异系数	10	9	8	7	6	5	4	3	2	1
X2投入系统	X21群众体育财力资源投入指标	8.8	0.9515	0.1081										
	X22群众体育物力资源投入指标	8.8	0.9515	0.1081										
	X23群众体育信息资源投入指标	8.3	1.0311	0.1242										
	X24群众体育人力资源投入指标	8.6	0.9947	0.1157										

表4 产出系统子准则层评价表

指标属性		相关性												
评价 指标		第一轮专家咨询结果			第二轮专家咨询意见									
		均值	标准差	变异系数	10	9	8	7	6	5	4	3	2	1
X3产出系统	X31体育参与指标	8.5	0.8886	0.1045										
	X32居民体质健康指标	8.7	0.8645	0.0994										

表5 社会环境系统指标层评价表

指标属性			相关性												
评价 指标			第一轮专家咨询结果			第二轮专家咨询意见									
			均值	标准差	变异系数	10	9	8	7	6	5	4	3	2	1
X1社会环境系统	X11经济支持指标	X111恩格尔系数	6.95	0.8870	0.1276										
		X112人均GDP	7.55	0.7592	0.1006										

续 表

指标属性			相关性												
指标 \ 评价			第一轮专家咨询结果			第二轮专家咨询意见									
			均值	标准差	变异系数	10	9	8	7	6	5	4	3	2	1
		X113农村居民人均可支配收入/城镇居民人均可支配收入	7.2	0.8335	0.1158										
	X12社会支持指标	X121城市化	7.65	0.5871	0.0768										
		X122服务业增加值增长率	7.4	0.8208	0.1109										
	X13文化支持指标	X131一般公共预算教育经费占一般公共预算支出比例	7.25	0.9105	0.1256										
		X132每万人大学生数	6.8	0.8944	0.1315										
		X133电视普及率	6.15	1.0400	0.1691										
		X134固定互联网入户数	7.25	0.7164	0.0988										

表6 投入系统指标层评价表

指标属性			相关性												
指标 \ 评价			第一轮专家咨询结果			第二轮专家咨询意见									
			均值	标准差	变异系数	10	9	8	7	6	5	4	3	2	1
X2投入系统	X21群众体育财力资源投入指标	X211每万人拥有群众体育事业费	8.6	0.8826	0.1026										
		X212体育彩票销售额	8.9	0.5525	0.0621										

续 表

指标属性			相关性												
评价 指标			第一轮专家咨询结果			第二轮专家咨询意见									
			均值	标准差	变异系数	10	9	8	7	6	5	4	3	2	1
		X213 人均体育消费支出增长率	9	0.5620	0.0624										
	X22 群众体育物力资源投入指标	X221 人均公共体育场地面积	9.2	0.6156	0.0669										
		X222 每万人拥有体育社会组织数	8.95	0.6863	0.0767										
		X223 每万人拥有青少年体育俱乐部个数	6.95	0.8256	0.1188										
		X224 每万人拥有体质测试器材套数	7.15	0.6708	0.0938										
	X23 群众体育信息资源投入指标	X231 每万人在体育类核心期刊发表的论文篇数	7.25	0.6387	0.0881										
		X232 每万人获得国家体育总局体育社会科学课题数	6.15	0.9333	0.1518										
	X24 群众体育人力资源指标	X241 每千人拥有社会体育指导员数	9.2	0.6156	0.0669										

表7 产出系统指标层评价表

指标属性			相关性												
评价 指标			第一轮专家咨询结果			第二轮专家咨询意见									
			均值	标准差	变异系数	10	9	8	7	6	5	4	3	2	1
X3产出系统	X31体育参与指标	X311体育人口的人口比例	9.3	0.4702	0.0506										
		X312居民参加全民健身活动人数	8.2	0.6959	0.0849										
	X32居民体质健康指标	X321男性国民体质综合指数	8.5	0.8885	0.1045										
		X322女性国民体质综合指数	8.5	0.8885	0.1045										
		X323城镇居民体质综合指数	8.7	0.7327	0.0842										
		X324农村居民体质综合指数	8.7	0.7327	0.0842										
		X325人口平均预期寿命	8.1	0.8522	0.1052										

《我国群众体育发展评价研究》(指标体系效度与指标重要性比较)第一轮专家咨询表

填表说明:

表1是经过指标筛选后的我国群众体育发展评价指标体系。请您参考表1,对指标体系的内容效度和结构效度提出您的评判,在空格中打"√"表明您的观点。

为了获得各层指标权重,本研究采用"AHP"法,需要对各层各项指标的两两重要性进行比较。请根据您的判断,对各层各项指标的两两重要性比较用标度1、3、5、7、9、2、4、6、8,还有各数的倒数以实现思维判断数量化,分别在表2、表3、表4、表5相应的空格中打"√"。

表1 我国群众体育发展评价指标体系

目标层	准则层	子准则层	指标层
我国群众体育发展评价指标体系	(X1)社会环境系统	(X11)经济支持指标	(X112)人均GDP
			(X113)农村居人均可支配收入/城镇居民人均可支配收入
		(X12)社会支持指标	(X121)城市化
			(X122)增加值增长率
		(X13)文化支持指标	(X131)一般公共预算教育经费占一般公共预算支出比例
			(X134)固定互联网入户数
	(X2)投入系统	(X21)群众体育财力资源投入指标	(X212)体育彩票销售额
			(X213)人均体育消费支出增长率
		(X22)群众体育物力资源投入指标	(X221)人均公共体育场地面积
			(X222)每万人拥有体育社会组织数
		(X23)群众体育信息资源投入指标	(X231)每万人在体育类核心期刊发表的论文篇数
		(X24)群众体育人力资源投入指标	(X241)每千人拥有社会体育指导员数

续 表

目标层	准则层	子准则层	指标层
	（X3）产出系统	（X31）体育参与指标	（X311）体育人口的人口比例
		（X32）居民体质健康指标	（X323）城镇居民体质综合指数
			（X324）农村居民体质综合指数
			（X325）人口平均预期寿命

1. 指标体系效度检验（在空格中打“√”表明您的观点）

（1）您认为该指标体系能体现我国群众体育发展的特征范畴吗？

能体现____基本能体现_____不能体现____

（2）您认为该指标体系能反映出本研究所提出的理论结构吗？

能体现____基本能体现_____不能体现____

2. 指标重要性比较

表2　准则层指标重要性比较表

指标属性	重要性比较																
评价 指标	9	8	7	6	5	4	3	2	1	1/2	1/3	1/4	1/5	1/6	1/7	1/8	1/9
X1/X2																	
X1/X3																	
X2/X3																	

表3　社会环境系统各层指标重要性比较表

指标属性	重要性比较																
评价 指标	9	8	7	6	5	4	3	2	1	1/2	1/3	1/4	1/5	1/6	1/7	1/8	1/9
X11/X12																	
X11/X13																	
X12/X13																	
X112/X113																	
X121/X122																	
X131/X134																	

表4 投入系统各层指标重要性比较表

指标属性	重要性比较																
评价 指标	9	8	7	6	5	4	3	2	1	1/2	1/3	1/4	1/5	1/6	1/7	1/8	1/9
X21/X22																	
X21/X23																	
X21/X24																	
X22/X23																	
X22/X24																	
X23/X24																	
X211/X212																	
X211/X213																	
X212/X213																	
X221/X222																	

表5 产出系统各层指标重要性比较表

指标属性	重要性比较																
评价 指标	9	8	7	6	5	4	3	2	1	1/2	1/3	1/4	1/5	1/6	1/7	1/8	1/9
X31/X32																	
X323/X324																	
X323/X325																	
X324/X325																	

《我国群众体育发展评价研究》(指标重要性比较)第二轮专家咨询表

填表说明：

请您将您的判断意见填在“第二轮专家咨询意见”栏内，在填写时可以参考第一轮专家咨询的结果，对各层各项指标的两两重要性比较用标度1、3、5、7、9、2、4、6、8，还有各数的倒数以实现思维判断数量化，请在相应的空格中打“√”。

表1 准则层指标重要性比较表

指标属性	重要性比较																			
评价 指标	第一轮专家咨询结果			第二轮专家咨询意见																
	均值	标准差	变异系数	9	8	7	6	5	4	3	2	1	1/2	1/3	1/4	1/5	1/6	1/7	1/8	1/9
X1/X2	0.65	0.41	0.63																	
X1/X3	0.65	0.41	0.63																	
X2/X3	1.10	0.42	0.38																	

表2 社会环境系统各层指标重要性比较表

指标属性	重要性比较																			
评价 指标	第一轮专家咨询结果			第二轮专家咨询意见																
	均值	标准差	变异系数	9	8	7	6	5	4	3	2	1	1/2	1/3	1/4	1/5	1/6	1/7	1/8	1/9
X11/X12	0.97	0.60	0.62																	
X11/X13	0.94	0.44	0.46																	
X12/X13	0.99	0.50	0.50																	
X112/X113	1.03	0.47	0.46																	
X121/X122	1.93	0.91	0.47																	
X131/X134	1.24	0.76	0.61																	

表3 投入系统各层指标重要性比较表

指标属性	重要性比较																			
评价 \ 指标	第一轮专家咨询结果			第二轮专家咨询意见																
	均值	标准差	变异系数	9	8	7	6	5	4	3	2	1	1/2	1/3	1/4	1/5	1/6	1/7	1/8	1/9
X21/X22	1.15	0.54	0.47																	
X21/X23	5.50	1.36	0.25																	
X21/X24	2.50	1.05	0.42																	
X22/X23	5.35	1.14	0.21																	
X22/X24	2.55	0.76	0.30																	
X23/X24	0.40	0.23	0.58																	
X211/X212	0.18	0.04	0.20																	
X211/X213	0.26	0.10	0.39																	
X212/X213	1.80	0.62	0.34																	
X221/X222	2.05	0.69	0.33																	

表4 产出系统各层指标重要性比较表

指标属性	重要性比较																			
评价 \ 指标	第一轮专家咨询结果			第二轮专家咨询意见																
	均值	标准差	变异系数	9	8	7	6	5	4	3	2	1	1/2	1/3	1/4	1/5	1/6	1/7	1/8	1/9
X31/X32	1.13	0.56	0.50																	
X323/X324	2.85	0.67	0.24																	
X323/X325	1.00	0.00	0.00																	
X324/X325	2.85	0.67	0.24																	

《我国群众体育发展评价研究》专家访谈纲要

1.您认为当前我国群众体育发展趋势有哪些？

2.您认为当前影响我国群众体育发展的因素有哪些？

3.您认为当前我国群众体育事业的发展目标指向是什么？

4.您认为“群众体育发展”是什么？

5.您认为“群众体育发展”与群众体育资源投入哪些关系？

6.您认为群众体育资源包括什么？它们之间有什么样的联系？

7.以社会环境系统、投入系统和产出系统作为“我国群众体育发展评价指标体系”的准则层，您有什么样的看法？

8.您对于本研究所构建的“我国群众体育发展评价指标体系框架”中的子准则层和指标层的指标选取，您有什么样的看法？

9.单纯的群众体育资源投入只能短期地促进能力提升，而不具有长效性。而以效率提高为前提的群众体育资源投入的增加有利于形成群众体育资源的集约化配置，这种资源集约化配置模式更有利于提高群众体育资源配置效益和促进我国群众体育的全面、协调、可持续的发展。您同意这样的观点吗？

后　记

本书源于笔者的博士论文，博士论文完成于2009年，是在导师王凯珍教授的悉心栽培和精心指导下，由本人独立完成的。时光荏苒，求学三年，导师的言传身教将使我终身受益。平日里的叮嘱，语气平和而蕴含严厉，让我懂得做人的道理与处事的原则；导师严谨的治学态度，渊博的知识，敏锐的学术洞察力，感化着我要勤看勤写，多思多问；导师忘我的工作精神，对事业孜孜不倦的追求精神，感召着我要有责任感和使命感。同时，导师在生活、学习等各个方面给予无微不至的关怀和照顾，学生将铭记在心。在此，向敬爱的导师表示深深的谢意！

学海无涯勤可渡，书山万仞志能攀。感谢北京体育大学提供的学习机会及良好的学习环境！感谢北京体育大学研究生院领导及各位老师提供的指导与帮助！正因如此，我才得以有机会在博士就读期间潜心投入学术研究，一步一步朝着理想和远方，踏实前进。

千里之行，积于跬步；万里之船，成于罗盘。博士论文研究过程中得到了北京体育大学祁国鹰教授、熊晓正教授，安徽师范大学魏登云教授、席玉宝教授，首都体育学院尹军教授等老师的指导与帮助，在此，深表感谢！

同时，感谢我的室友安徽工程大学体育学院院长胡好教授对本论文提供的帮助！

最后更要感谢我的家人三年以来对我的理解、支持和关心！

时间已经过去12年了，笔者想将自己的博士论文公开出版。但当年博士论文中涉及各省的群众体育数据已经过时，且我国群众体育现状已经发生很多变化，如将原作出版肯定不妥。为此邀请我的研究生们参与这项书稿修改工作。其中方涛同学依据当下政策文件、时代背景对书中图片、数据、文献等进行完善和补充十分辛苦。另有左潜同学协助我查阅当前各省群众体育数据，且他在原文中参与了大量的修改工作（字数达到2万字左右），在此，特别感谢我的学生方涛和左潜对文中数据的收集、整理和对文章的完善！同时还要感谢我的研究生贺庆伦、曹雨葳等同学对本书完善工作的付出！

余　涛

二〇二二年二月十八日